Älter werden –
na und?

EDEL

Älter werden – na und?

Ideen für ein langes, gutes Leben
Matthias Hollwich und Bruce Mau Design

Edel Books

Ein Verlag der Edel Germany GmbH

Neumühlen 17, 22763 Hamburg

www.edel.com

Übersetzung: Anne Vonderstein

Projektkoordination: Dr. Marten Brandt

Redaktion: Dorit Aurich | www.lektoratplus.de

Satz: Dirk Brauns

Umschlagadaption: Groothuis. Gesellschaft der Ideen und Passionen mbH | www.groothuis.de

Druck und Bindung: optimal media GmbH, Glienholzweg 7, 17207 Röbel / Müritz

Printed in Germany

ISBN 978-3-8419-0525-3

Autor: Matthias Hollwich *mit* Jennifer Krichels

Design: Bruce Mau Design | brucemaudesign.com
Hunter Tura, Tom Keogh, Cristian Ordóñez,
Elvira Barriga und Kaila Jacques

Illustration: Robert Samuel Hanson

Widmung Für Barbara und Walter Hollwich, Omi und Großmutter Mausi sowie Großtante Uschi. Ich danke der Universität von Pennsylvania für die Möglichkeit, Lehrveranstaltungen zum Thema Architektur und Altern abhalten zu dürfen, und Robert Kasirer dafür, bei der Seniorenwohnsiedlung BOOM mitarbeiten zu können. Dank auch an Marc Kushner, den besten Geschäftspartner der Welt. Außerdem an James Roebuck, der mein spätes Nachhausekommen an vielen Abenden und meine Schreibtischarbeit am Wochenende klaglos ertragen hat.

Inhalt

Vorwort

An meinem 40. Geburtstag wurde mir klar, dass ich nun rein statistisch gesehen die Hälfte meiner Lebenszeit überschritten hatte. Das ließ Neugier aufkommen auf die Zeit, die noch vor mir lag. Ich begann mich mit dem Thema Älterwerden und Altern zu beschäftigen, mir verschiedene Wohnoptionen anzuschauen und Konzepte, die ein glückliches und erfülltes Leben im Alter versprechen, auszuwerten.

Was ich dabei herausfand, war nicht gerade verheißungsvoll. Gemeinsam mit Studierenden und Lehrenden, Architekten und Wissenschaftlern der Universität von Pennsylvania und Kolleginnen und Kollegen in meinem Architekturbüro Hollwich Kushner Architecture (HWKN) entwickelte ich daher eigene Ideen für ein gutes und schönes Leben im Alter: Seniorendörfer statt Altersheime, Pflegeeinrichtungen mit Gesundheits- und Wellnessbereichen, eine App für Ehrenamtliche, die älteren Menschen auf Abruf Unterstützung anbieten. Die Ideen gefielen uns ganz gut – aber deren Umsetzung würde wahrscheinlich einige Zeit in Anspruch nehmen. Der erstrebte gesellschaftliche Wandel würde sich über Jahrzehnte hinziehen.

So kam es zu diesem Buch. Darin fasse ich meine Gedanken zum Altern zusammen und unterbreite Vorschläge, was wir als Gesellschaft, aber vor allem, was jeder Einzelne besser machen könnte. Ich habe meine Ideen auf einfache Grundsätze und Handlungen heruntergebrochen, die man sofort im Alltag anwenden und umsetzen kann. Damit wir jetzt schon besser älter werden!

Matthias Hollwich

Ideen für ein langes, gutes Leben

Dieses Buch will Perspektiven für neue Wege durchs Leben eröffnen. Oft genügen schon wenige kleine Schritte im Hier und Jetzt, um entscheidende Weichen für die Zukunft zu stellen.

Der erste Schritt ist eine neue Einstellung zum Alter. Dann spielt das soziale Netzwerk eine entscheidende Rolle. Wie wäre es zum Beispiel, wenn wir unsere Familie um Wahlverwandtschaften erweitern würden? Weiterhin sollte man auch nach dem Berufsleben tätig und so für die Mitmenschen attraktiv bleiben. Eigentlich ist es ganz leicht, regelmäßig Sport und gesundes Essen in unseren Alltag zu integrieren. Und schließlich können wir Mobilität jenseits des Autofahrens denken und praktizieren und unsere Wohnsituation (oder gleich unsere Wohnung) an veränderte Bedürfnisse anpassen.

Die Vorschläge in diesem Buch lassen sich in einem Zug oder peu à peu umsetzen. Klar, das Leben legt uns Hindernisse in den Weg, auch und gerade mit zunehmendem Alter. Aber Hindernisse sind dazu da, überwunden zu werden. Wir sollten nicht darauf warten, dass die Probleme uns über den Kopf wachsen. Besser ist es, sie anzugehen, solange sie noch klein sind.

Wir erkunden hier nicht nur für uns selbst ein spannendes Terrain. Unsere Familie, Freunde und Bekannten begleiten uns auf diesem Weg und stellen dabei vielleicht auch für sich selbst fest, wie sie ihr Leben so gestalten können, dass es zu ihnen passt. Immer wieder neu, bis zum letzten Tag.

Die neue Art, alt zu werden

1

Älter werden ist schön

Älter werden – das klingt nach Einschränkungen, abnehmender Lebensenergie und Eintönigkeit. Machen wir uns doch von diesen Vorstellungen frei. Eine Gesellschaft, die so denkt, hat den Code des Alterns noch nicht geknackt. Wir alle, die diese Gesellschaft ausmachen, könnten dazu beitragen, dass man vorm Älterwerden keine Angst haben muss. Um zu der Erkenntnis zu gelangen, dass das Leben in jeder Phase lebenswert ist, gibt es einen ganz banalen Trick: eine positive Einstellung. Denn jede Etappe der Reise durch das Leben ist gleich viel wert. Und weil positives Denken auch die Widerstandskraft stärkt, hilft es vielleicht sogar, länger zu leben.

Älter werden ist ein Geschenk, eine einmalige Chance. Jeder Tag bietet eine Gelegenheit, das Leben so zu gestalten, wie es uns gefällt – und zwar bis zum Schluss. Die Summe aller gut gelebten Tage ist unser größtes Kapital. Wir können diesen Reichtum mit anderen Menschen teilen und zeigen, wie es geht.

Älter werden ist ein Geschenk.

Im Hier und Jetzt leben: Jeden Tag sollten wir nutzen und uns mit einem besonderen Moment selbst beschenken – ein gutes Essen, eine Verabredung mit einem Menschen, den wir sympathisch oder interessant finden, etwas lernen, was wir immer schon lernen wollten, oder uns sonst etwas Gutes tun, einfach so.

Das ganze Leben ist eine Reise: von der Geburt über Kindheit, Jugend und die mittleren Jahre bis hin zu der Reife, Weisheit und inneren Ruhe, die das Alter mit sich bringt. Jede Etappe hat einen frischen Blick verdient – wie bei einer Reise in ein fremdes Land. Daher: Augen auf! Selbst wenn wir uns nicht vom Fleck bewegen, können wir neugierig durch die Welt reisen und unseren Horizont immer wieder erweitern.

Das Leben ist eine wunderbare Reise.

Neues tun und sich selbst überraschen! Was könnte das diese Woche sein? Denk dir etwas aus: die Wohnung umräumen, einen Ausflug in einen Stadtteil unternehmen, den du dir immer schon mal anschauen wolltest, in ein öffentliches Schwimmbad gehen, Balkon oder Terrasse schön bepflanzen oder in den Sternenhimmel schauen.

Älter werden ist nichts für Softies, aber Heldentum ist dafür auch nicht nötig. Mit einer gewissen Abenteuerlust werden die Ängste von allein kleiner. Neugierig auf die Zukunft sein – wie es früher für uns selbstverständlich war. Klar: Optimismus, Wissbegier, Offenheit für neue Ideen, das alles fällt jungen Menschen leichter. Es gibt aber wirklich keinen Grund, diese Werte mit zunehmendem Alter über Bord zu werfen. Es ist vollkommen okay, zu zweifeln, zu zögern und Angst vor Neuem zu haben. Aber meist zahlt es sich aus, ein Risiko einzugehen – für unsere Gesundheit, für die Lebensqualität und für ein lebendiges soziales Umfeld.

Abenteuer wagen.

Welche zehn Dinge will ich unbedingt noch dieses Jahr erleben? Was kann ich dafür tun, damit wenigstens einer dieser Wünsche wahr wird?

Wir kommen auf die Welt und lernen Tag für Tag neue Dinge, wir entdecken unsere Umgebung und entwickeln immer neue Fähigkeiten.
Wir machen etwas zum ersten Mal und werden durch Übung stetig
besser, unser Horizont erweitert sich. Für manche Fertigkeiten opfern
wir Jahre harter Arbeit und überwinden mitunter riesige Widerstände.
Je älter wir werden, desto mehr Erfahrungen sammeln wir. Sie machen
uns zu der Person, die wir sind.

Welche Werkzeuge habe ich?

Welche zehn Fähigkeiten zeichnen mich besonders aus? Wer könnte
davon profitieren, etwas von mir zu lernen? Mach dir deine Stärken
bewusst und gib deine Fähigkeiten an andere weiter.

Was haben wir eigentlich früher ohne das Internet gemacht? Es ist wirklich enorm, wie global vernetzt wir heute sind und dass die neuen Medien uns jederzeit Zugang zu den rasanten Entwicklungen in Gesellschaft, Kultur und Wissenschaft gewähren. Aber wir müssen nicht nur Beobachter und Nutzer dieser Revolution bleiben, sondern können auch selbst Geschichte schreiben. Dafür bieten sich viele Gelegenheiten, wie jede/r von uns aus seinem eigenen Leben weiß. Wofür hast du dich früher engagiert? Egal, ob das die Friedensbewegung, der Paragraf 218 oder die Bürgerbewegung in der DDR war – einmischen hat sich gelohnt!

Mitmachen statt zuschauen.

Welches Thema ist dir heute wichtig? Bring dich ein, auf lokaler, nationaler oder sogar internationaler Ebene. Es gibt viele Möglichkeiten, ob als Wahlkampfhelfer, Mitglied einer Bürgerinitiative oder ehrenamtlich für den Klimaschutz. Werde Geschichte.

Das Unbekannte rückt immer näher, je älter wir werden. Deswegen sollten wir auch aufhören, von „alten" Menschen zu sprechen. Wir sind jetzt diejenigen, die Pionierarbeit leisten. Wir sind die Avantgarde, die zu einer Grenzerfahrung vordringt. Zur einzigen Grenze, die wirklich unverrückbar feststeht. Deswegen nehmen wir uns jetzt für die letzten Kilometer das Recht auf Freiheit. Wir lassen uns nicht mehr aufhalten – weder von anderen noch von uns selbst!

Wir leisten Pionierarbeit.

Pioniere erkunden neues Terrain. Was hat dich an der Welt immer schon gestört? Es ist an der Zeit, den Mund aufzumachen und das zu ändern.

Alt sind immer nur die anderen? Denkst du! In ein paar Jahren sind wir das. Allerdings werden wir nur älter an Jahren, wir bleiben ja im Wesentlichen, wer wir sind, nur um ein paar Erfahrungen reicher. Übrigens sind wir schon mittendrin in diesem Prozess.

Diskriminiere dich nicht selbst.

Wir sollten uns abgewöhnen, schlecht über das Alter zu sprechen. Und uns nicht darüber aufregen, wenn uns ein älterer Mensch ausbremst, weil es dann nicht ganz so schnell vorangeht, wie wir das gern hätten. Wir werden halt alle langsamer mit den Jahren. Na und? Atme tief durch und lebe den Moment.

Es gibt viele Gelegenheiten, das Altwerden schon heute zu üben. Ältere Verwandte und Bekannte haben uns in dieser Hinsicht einiges voraus. Ihnen mit Rat und Tat beiseitezustehen, fühlt sich gut an. Und gibt uns Gelegenheit, uns das eine oder andere für die eigene Zukunft bei ihnen abzuschauen.

Probefahrt ins Alter.

Wer ist die älteste Person in deinem Umfeld? Ruf sie an und befrag sie nach ihrem Leben. Wie ist es, älter zu sein, wie hat sich der Alltag dadurch verändert? Was kannst du davon lernen?

2

Kontakte suchen und halten

Der Mensch ist ein soziales Wesen. Ohne Beziehungen zu anderen Menschen – Familie, Freundeskreis, Kollegen oder zufälligen Bekanntschaften – fühlen wir uns nicht nur einsam, sondern werden auch körperlich krank. Im Alter gewinnt das soziale Netz noch an Bedeutung, es wird zum dringend benötigten doppelten Boden. Im Kontakt mit anderen werden wir weiter gebraucht und sind ständig gefordert, am Ball zu bleiben. Und wir lernen durch andere Menschen wieder neue Leute kennen. Das Schöne daran: Wir dürfen uns heute die Gesellschaft, in der wir uns wohlfühlen, selbst aussuchen. Diese Freiheit ist relativ neu. Du tust dir und deiner Zukunft einen Gefallen, wenn du sie nutzt und den Kreis der engsten Vertrauten möglichst groß, bunt und offen für Neuzugänge hältst.

Die Familie ist in jeder Lebensphase für unser Wohlbefinden wichtig. Solange wir noch im Elternhaus wohnen, ist das ganz offensichtlich. Wenn wir dann unsere eigenen Wege gehen und in andere Städte oder sogar Länder ziehen, merken wir, dass familiärer Beistand auch auf geografische Nähe angewiesen ist. Deswegen bietet es sich im höheren Alter an, bei einem Umzug auch die Entfernung zur Familie zu berücksichtigen. Goldene Regel: genug Abstand, um unabhängig zu bleiben, aber nah genug, um sich regelmäßig umeinander kümmern zu können.

Nähe leben.

Mit einem Zirkel lässt sich auf der Landkarte leicht ein Ort finden, von dem aus wir für alle Familienmitglieder und engen Freunde gut erreichbar sind – und umgekehrt!

Die traditionelle Familie gibt es kaum noch – und wen wir heute zur Familie zählen, der ist nicht zwangsläufig mit uns verwandt. Der Begriff „Familie" wird neu definiert. Wir nehmen Menschen aus vielfältigen Kontexten in den inneren Kreis auf und bereichern so unser Leben um Wahlverwandtschaften, die uns ein Gefühl von Nähe und Geborgenheit geben.

Freunde sind Familie.

Wer sind deine drei engsten Freundinnen oder Freunde? Sieh sie wie Geschwister an und lade sie ganz selbstverständlich zu Familienfesten und wichtigen Anlässen ein. Sie sind deine Familie.

Wir verbringen mehr Zeit mit unseren Kolleginnen und Kollegen bei der Arbeit als mit Freunden und der Familie. Da bietet es sich an, mit besonders sympathischen Kollegen Freundschaft zu schließen, die weit über das Berufliche hinausgehen kann. Diese Beziehungen sind „sozialer Kitt", mit ihnen erweitert sich der eigene private Kreis ganz natürlich um Gleichgesinnte – gemeinsame Erfahrungen, übereinstimmende Interessen und ein gleicher Tagesablauf sind ja durch die Zusammenarbeit im Job schon vorhanden. Und am Ende des Berufslebens verwirklichen wir mit diesen Menschen vielleicht sogar das Projekt, von dem wir seit Langem gemeinsam träumen. Mit Kollegen neue Projekte angehen? Klingt gut!

Arbeit und Freundschaft vertragen sich gut.

Mit wem aus dem Kreis der Kollegen hättest du gern mehr Kontakt? Mach noch diese Woche den ersten Schritt und verabrede dich für den Feierabend.

Es ist schön, Freunde in der Nähe zu haben. Warum also nicht mit Nachbarn Freundschaft schließen? Dafür reicht es manchmal schon, sich auf der Straße zu grüßen und sich an Aktivitäten zu beteiligen, die in der näheren Umgebung stattfinden. Bekanntschaft schließen ist der erste Schritt. Danach ist es oft ganz leicht, den Kontakt auszubauen und gemeinsam etwas zu unternehmen. Neue Nachbarn sind eingezogen? Biete ihnen deine Hilfe an, dann kannst du auch bei ihnen mal klingeln, wenn du Unterstützung brauchst. Wer Menschen in seiner unmittelbaren Umgebung kennt, ist nicht allein.

Aus Nachbarn werden Freunde.

Wenn du das nächste Mal einen Nachbarn auf der Straße triffst, halte mit ihm oder ihr einen Plausch. Tauscht E-Mail-Adressen und Telefonnummern aus. Und melde dich, wenn ihr euch länger nicht begegnet seid. Über die Zeit können so wertvolle Freundschaften entstehen.

Eine nette Nachbarschaft muss kein Zufall sein. Du kannst sie dir selbst zusammenstellen. Zum Beispiel, indem du Freunde davon überzeugst, welche Lebensqualität es hat, nahe beieinander zu wohnen. Ein Stadtteil oder ein Mehrfamilienhaus, in dem sich die Bewohner kennen, ist einfach lebendig. Das gilt auch für die Geschäfte und öffentlichen Einrichtungen in der Nähe. Bekannte Gesichter zufällig auf der Straße zu treffen ist einfach nett! Frag doch Freunde oder Verwandte mal, ob sie nicht Lust haben, in deine Nähe zu ziehen – oder zieh du in ihre Gegend.

Aus Freunden werden Nachbarn.

Auf einem Spaziergang durch dein Viertel oder deinen Wohnort zeigst du deinen Freundinnen und Freunden, was diese Gegend so attraktiv und lebenswert macht. Schmiedet Pläne, wie schön es wäre, näher beieinander zu wohnen.

Den meisten Spaß hatten wir doch in jungen Jahren im Berufsschul-
oder Studentenwohnheim bzw. mit den WG-Genossen, stimmt's?
Es war immer jemand zu Hause, Kosten und Pflichten wurden geteilt
und es gab immer Neuigkeiten auszutauschen. Aus dieser schönen
Vergangenheit kann Zukunft werden – auf einem höheren Niveau,
denn inzwischen sind wir erwachsen, haben andere Ansprüche
und wissen Privatsphäre zu schätzen. Getrennte Eingänge zum
Beispiel, ein eigenes Badezimmer und eine ausgewogene Mischung
aus Gemeinschafts- und Rückzugsräumen sind Faktoren, die eine
„Alten-WG" zum Erfolgsmodell machen.

Eine WG ist keine Frage des Alters.

Welche Baumaßnahmen sind erforderlich, um dein Haus oder deine
Wohnung für eine WG fit zu machen? Vielleicht gibt es bisher uner-
kannte Möglichkeiten.

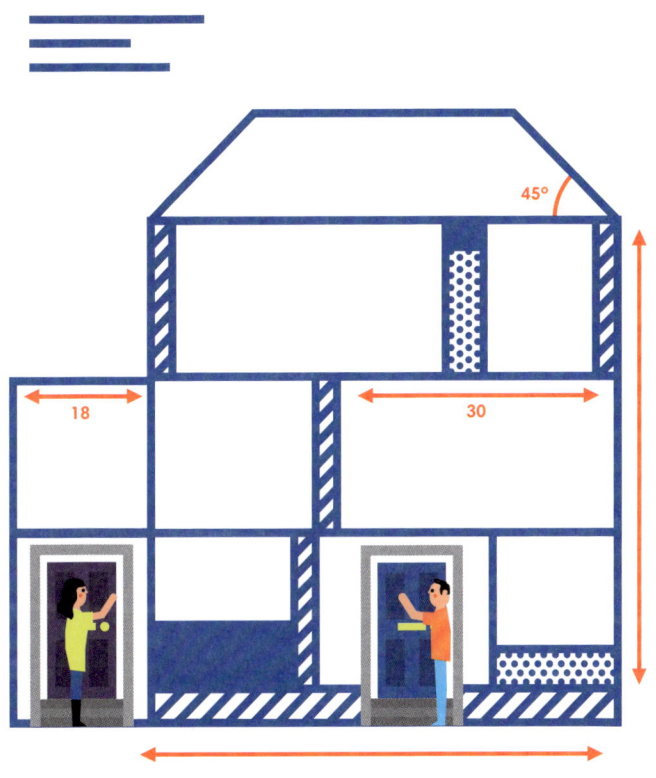

Warum grenzen wir unsere Grundstücke eigentlich mit einem Zaun vom Nachbarn ab? Ohne Grenze haben wir doch eine viel größere Fläche, die wir gemeinsam gestalten und nutzen können. Hier das Planschbecken und die Tischtennisplatte, dort die Sonnenterrasse, der Grill und die Rasenfläche. Wir verlieren nichts, sondern gewinnen an Möglichkeiten und sozialem Miteinander.

Aus dein und mein mach unser.

Triff dich mit deinen Nachbarn und findet zusammen heraus, welchen Spielraum ihr habt. Wer macht den Anfang und baut den Gartenzaun ab? Die neue Art des Miteinanders wird Schule machen. Veränderungen beginnen im Kopf und Vormachen erzeugt Nachahmer.

Wer Leben in der Bude haben will, muss dafür sorgen, dass Gäste gern und aus freien Stücken kommen. Je älter wir werden, desto weniger brauchen wir eigentlich. Aber bestimmte Dinge, die uns und anderen Freude bereiten, sollten wir bewahren: die geräumige Küche, den gut ausgestatteten Hobbykeller, den Kamin oder die Sauna. All das macht dich für Besucher attraktiv. Denn in einem Zuhause, das auch schön für andere ist, lässt sich gemeinsam eine wunderbare Zeit verbringen.

Dein privates Freizeitparadies.

Was ist an deinem Haus/deiner Wohnung besonders attraktiv? Sorge dafür, dass mindestens ein Wohlfühlfaktor vorhanden ist. Das bereitet nicht nur dir, sondern automatisch auch deinen Gästen Freude.

Balkon, Hausflur und Vorgarten sind Bereiche, in denen Privatsphäre und Öffentlichkeit aufeinandertreffen. Sie lassen sich deshalb auch im wahrsten Sinne des Wortes als Türöffner zur Außenwelt nutzen. Ein Eingangsbereich lässt sich etwa um eine kleine Sitzgelegenheit erweitern. Ein hübsch gestalteter Balkon lädt zu einem spontanen Kaffeetrinken ein, und warum nicht den Vorgarten zum Treffpunkt für die Nachbarschaft umfunktionieren?

Tag der offenen Tür.

Wie wäre es mit einem „come together" gleich dieses Wochenende? Ein Willkommensschild an der Wohnungs- oder Haustür, ein paar Drinks und ein Lächeln zur Begrüßung – die meisten Menschen freuen sich über so eine zwanglose Einladung. Du wirst dich wundern, wie positiv deine Nachbarn das aufnehmen.

Gemeinsame Aktivitäten stärken die Freundschaft. Schlag deinen Freunden eine Unternehmung vor. So zeigst du ihnen, dass sie einen Platz in deinem Leben haben, weckst bei ihnen vielleicht neue Interessen und bringst Menschen aus unterschiedlichen Richtungen miteinander in Kontakt. Umgekehrt gilt das Gleiche: Sei offen für Vorschläge und Einladungen und probiere öfter mal was Neues aus.

Gemeinsam aktiv.

Was machst du gern und möchtest du mit anderen teilen?
Frag deine Freunde, ob sie nicht Lust haben mitzukommen.

SCHUHE

BÜCHER

CAFÉ

SHOES

SHOES

Freundschaft ist schön, macht aber auch Arbeit. Trotzdem sollte man nicht warten, bis sich andere melden. Halte selbst den Kontakt lebendig. Regelmäßige Treffen gehören in den Kalender wie andere Termine auch: alle zwei Wochen vielleicht ein gemeinsames Mittagessen mit den ehemaligen Arbeitskollegen, der Spaziergang am Samstagmorgen mit einer Nachbarin, ein Wochenendausflug zu Verwandten. In Kontakt bleiben kostet nicht viel Zeit: 15 Minuten am Tag reichen, um einen Brief oder eine Mail zu schreiben, mit einem lieben Menschen zu telefonieren – und zu erkennen, dass du in einem wunderbaren Netzwerk lebst.

Anruf genügt.

Melde dich gleich heute bei drei Menschen, die du schon lange wiedersehen wolltest. Verabrede dich noch diesen Monat mit ihnen.

Immer haben wir so viel zu erledigen. Und wie schnell geraten manche Seiten des Lebens in den Hintergrund, wenn der Alltag alles beherrscht. Dabei ist kaum etwas so wichtig, wie sich Auszeiten zu nehmen. Vorschlag: Zwei feste Tage in der Woche für Livekontakte freihalten, für Verabredungen und Spontanaktionen. Und diese zwei Tage an den Freundeskreis kommunizieren. Damit ist man regelmäßig und verlässlich offen auch für die Vorschläge und Ideen anderer!

Feste freie Tage.

Welche Vorhaben und Termine in deinem Kalender könnten auch für andere interessant sein? Ein gemeinsamer Planer, vielleicht sogar online, macht aus einer Idee ohne großen Aufwand eine Gruppenaktion.

Mittwoch

Samstag

Gelegenheit macht Freunde. Wenn wir unser soziales Netz ausbauen wollen, müssen wir Bedingungen für Begegnungen schaffen. Das ist zum Beispiel bei der Wahl des Wohnortes wichtig. Gibt es in der Nähe genügend Möglichkeiten für spontane oder geplante Treffen, auf der Straße, im Café oder an öffentlichen Plätzen?

Sehen und gesehen werden.

Einmal am Tag raus aus der Wohnung – zum Markt, in den Park, Richtung Spielplatz oder in ein Café, um dem Zufall eine Chance zu geben. Das sind Orte, wo sich neue Kontakte knüpfen lassen oder man Menschen, die man schon kennt, wiedertrifft.

Die Digitalisierung hat unser Leben grundlegend verändert. Beruf, Alltag und Freizeit sind heutzutage von vorn bis hinten per Computer, App und Internet organisiert. Das hat sicher auch Nachteile, aber vor allem viele Vorteile. Da schickt man mal eben über das Handy eine spontane Anfrage an den Freundeskreis: Wer kommt mit ins Kino oder Konzert …? Sonntag Radtour! Onlinekalender und Social-Media-Plattformen bieten die Möglichkeit, gemeinsam zu planen und einander mitzuteilen, wer sich gerade womit beschäftigt. Die Jüngeren machen es uns vor – machen wir es nach.

Online leben, online planen.

Wie verabredet man sich heute in der virtuellen Welt für die reale? Schau dich um und probiere verschiedene Methoden aus.

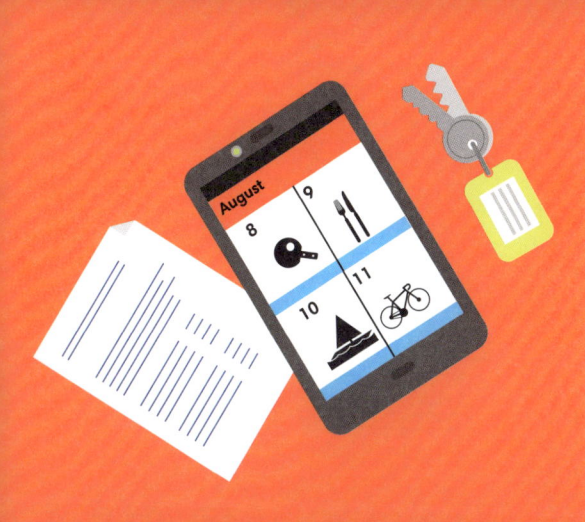

3

Ruhestand? Nein, danke

In Rente zu gehen ist eine der schlechtesten Ideen, auf die wir uns gesellschaftlich geeinigt haben. Keine Frage: Mancher Job macht regelrecht krank und einige von uns können das Ende ihres Berufslebens kaum erwarten. Aber das müssen sie ja auch gar nicht. Besser ist es sowieso, einen verhassten Job so früh wie möglich abzuschütteln und eine Tätigkeit zu finden, die Freude bereitet. Wir sind, was wir tun. Deswegen ist die richtige Arbeit so wichtig. Sie stiftet Sinn und lässt uns länger leben.

Eine gute, manchmal auch notwendige Alternative zum Rentner-dasein sind freiberufliche Tätigkeiten oder Teilzeitarbeit. Viele Arbeit-geber freuen sich, wenn sie weiterhin von unserem Wissen profitieren können. Vielleicht lassen sich flexible Modelle vereinbaren, zum Beispiel auf Stundenbasis vom Homeoffice aus. Wer sich allmählich auf den Ausstieg vorbereiten oder auch im Rentenalter beruflich aktiv bleiben will, findet im Internet entsprechende Onlineportale, wo das über Jahrzehnte gesammelte Know-how gefragt ist. Möglicherweise öffnen sich Türen zu spannenden Projekten und vielleicht sogar zu ganz neuen Erfahrungen – wer weiß? In jedem Fall haben wir als älte-re Menschen endlich den ersehnten Freiraum für eine selbstbestimmte Work-Life-Balance.

Plan B.

Eine wohlüberlegte Liste schafft Klarheit über die wichtigsten Stärken und Kompetenzen. Zeit für einen beruflichen Neustart – aber so, wie ich will!

So mancher Großkonzern hat klein angefangen, in einer Garage, im heimischen Wohnzimmer oder im Café um die Ecke. Wenn wir mit Erreichen des Rentenalters tatsächlich aus dem alten Job aussteigen, dann steht einem Neuanfang nichts mehr im Weg. Jetzt haben wir die Zeit und das Know-how, unsere Ideen zu verwirklichen. Die lange Berufs-, aber auch Lebenserfahrung hat uns fit in Sachen Selbst- und Fremdmanagement gemacht. Unter den zahlreichen alten Kontakten finden sich vielleicht schon Geschäftspartner oder erste Kunden. Jetzt ist der Moment, um aus Träumen Wirklichkeit werden zu lassen.

Start-up ins selbst-bestimmte Leben.

Kennst du die „Elevator Pitch"-Methode? In 60 Sekunden die Start-up-Idee mit kurzen, prägnanten Stichworten vorstellen – in dem Zeitfenster einer Aufzugfahrt eben. So präzisiert man seinen Businessplan und hat zugleich die ideale Grundlage, um das Vorhaben knackig und mitreißend zu präsentieren.

Die meisten von uns haben in der Kindheit oder Jugend ein Hobby betrieben – und es dann mehr und mehr dem Beruf und sonstigen Verpflichtungen geopfert. Manch ein Talent verharrte im Dornröschenschlaf, weil immer die Zeit fehlte, es auszuleben. Jetzt können wir uns unseren ureigenen Interessen endlich in Ruhe widmen. Und sie vielleicht sogar zu barer Münze machen. Als Kleinunternehmer/in kann man seine genähten Patchworkdecken auf dem Kunstgewerbemarkt anbieten, passionierte Bastler vertreiben ihr Kinderspielzeug aus Holz im Onlineshop und Hobbyhistoriker vermitteln ihr Wissen auf Stadtführungen.

Vom Hobby zum Nebenjob.

Vielleicht sucht der örtliche Fußballverein schon lange nach Trainern oder Schiedsrichtern. Wer gut mit Kindern kann, bietet Alleinerziehenden und berufstätigen Eltern Unterstützung als Ersatzoma/opa an oder geht sogar als Granny-Au-pair ins Ausland. Aktiv bleiben ist alles! Das bringt uns und anderen Gewinn.

Schreib auf, was du richtig gern machst und gut kannst. Vielleicht lassen sich ein oder zwei Dinge davon zu einem Job ausbauen:

Fahrräder reparieren

Tischdekoration

Hundesitting

Klavierunterricht

Gartenarbeiten

Auf Festen fotografieren

Durch ehrenamtliches Engagement sind wir sofort Teil eines Ganzen, wir knüpfen neue Beziehungen und erhalten Anerkennung. Für andere da zu sein gibt dem Leben einen Sinn und das gute Gefühl, etwas zu bewirken. Um uns herum sind Möglichkeiten in Hülle und Fülle, man muss sie nur ergreifen. Da lässt sich leicht etwas finden, was in unseren Zeitplan und zu unseren Fähigkeiten passt. Umgekehrt geht es aber auch: Wir machen unser Angebot nach außen sichtbar. Wer Bedarf hat, meldet sich dann.

Wer gibt, gewinnt.

Die Nachfrage nach Menschen, die sich ehrenamtlich engagieren, ist unglaublich groß. Such dir unter den vielen Möglichkeiten in deiner Nähe die interessanteste aus, hilf zum Beispiel als Lesepate in der Grundschule oder geh zum Spielenachmittag in ein Altenheim.

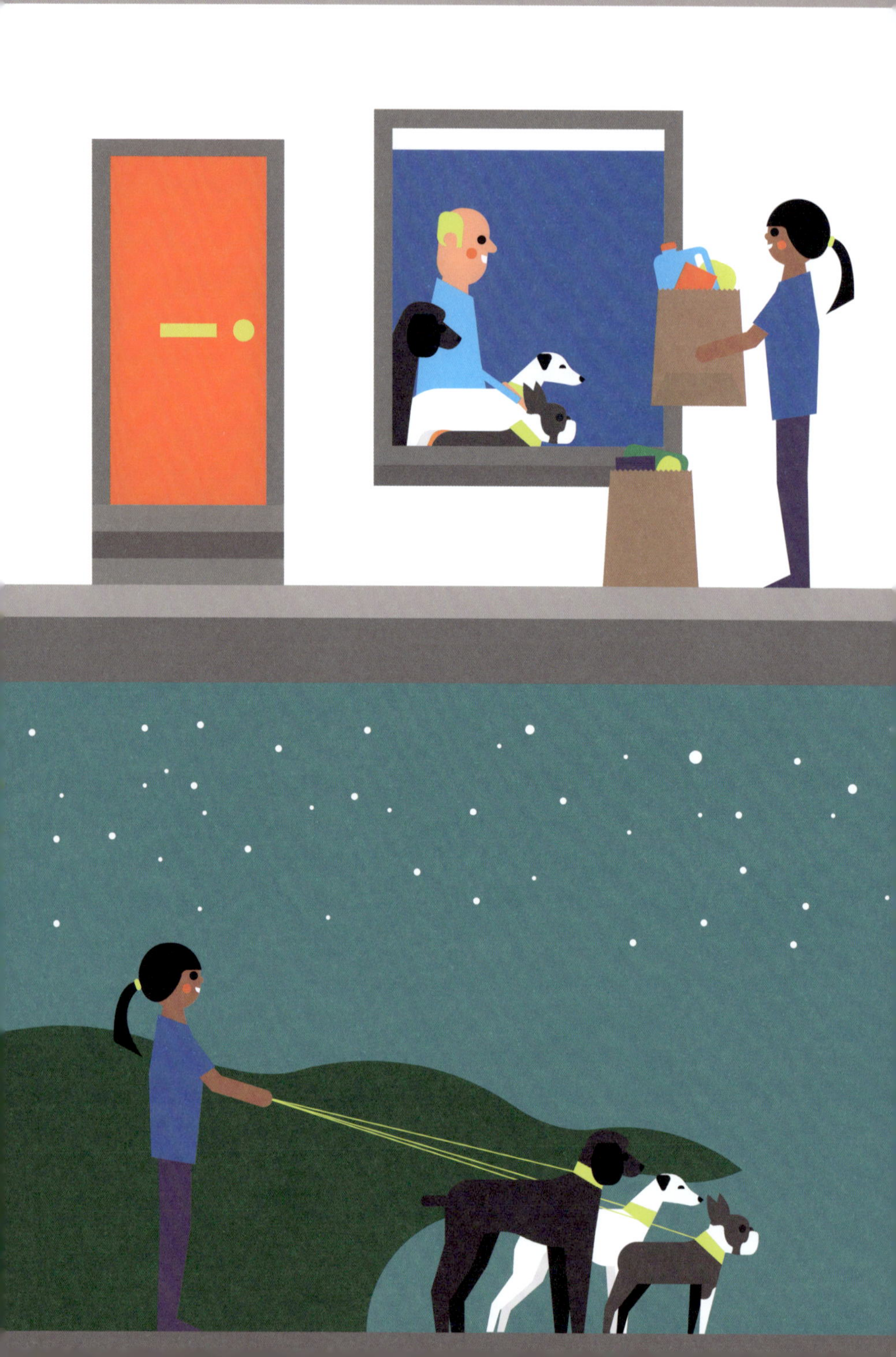

Endlich haben wir Zeit, uns wieder mehr der Familie und dem Freundeskreis zu widmen: die Enkelkinder von der Kita abholen, für andere zeitraubende Besorgungen oder Behördengänge übernehmen, dem rückenkranken Freund den Rasen mähen. Diese privaten Einsätze kann man mit demselben Maß an Hingabe und Organisationsgeist angehen wie einen richtigen Job – Aktion planen, Termin ausmachen, hier Preise vergleichen, da Informationen einholen oder Wegstrecken kombinieren … Plötzlich kommen wir automatisch wieder mehr vor die Tür und in Schwung.

Zeit schenken.

Wer braucht im näheren Umkreis meine Hilfe? Und wo würde ich mir selbst Unterstützung wünschen? Sprich mit Freunden und der Familie darüber.

Die Schulzeit ist eine wahre Ewigkeit her – aber dass wir nicht zu jeder Zeit jedes Fach gleich gern gelernt haben, ist uns allen noch sehr gut in Erinnerung. Jetzt ist die Zeit gekommen, etwas zu lernen, was uns wirklich interessiert. Lernen hält geistig fit, ist eine schöne Art der Freizeitgestaltung und bringt uns mit Menschen verschiedener Altersklassen in Berührung. Außerdem eröffnet neues Wissen neue Welten.

Ein Leben lang lernen.

Welche Weiterbildungsmöglichkeiten gibt es? Hochschulen bieten häufig Gasthörerschaften oder Seniorenstudiengänge an und die Volkshochschulen haben ein enorm breites Angebot, das für jedermann erschwinglich ist. Melde dich zum nächsten Semester für einen Kurs an. Es darf etwas Ausgefallenes sein.

Es ist nicht ungewöhnlich, dass Sportler, Schauspieler, Fernsehmoderatoren und Politiker nach dem Ende ihrer Karriere ihre Memoiren schreiben. Sie bewahren damit ihre Lebensleistung und auch ein Stück Zeitgeschichte. Aber ist nicht auch dein Leben wert aufgeschrieben zu werden? Denn die große Geschichte ist nichts anderes als die Summe vieler individueller Lebensgeschichten, die stetig eine Brücke zwischen den Generationen schlagen. Bring deine Erinnerungen zu Papier! Die Vergangenheit ist ein wichtiger Beitrag zur Zukunft.

Bewahre deine Erinnerungen.

Tagebuch, Video oder Audio – welches Medium entspricht dir? Wer die Überlieferung der eigenen Geschichte selbst in die Hand nimmt, kann bestimmen, was den anderen von uns bleibt. Das ist ein großer Vorteil.

Solange wir im Hamsterrad laufen, bleibt vieles liegen. Oder wir lassen bestimmte Dinge gegen Bezahlung von anderen erledigen. Hauptsache, es spart Zeit. Wenn wir dann endlich wieder mehr Muße haben, können wir uns um vieles selbst kümmern. Das ist nicht nur billiger, sondern macht auch viel Spaß.

Do it yourself.

Kochen statt ins Restaurant gehen oder Fertiggerichte aufwärmen, die Hecke selbst schneiden (und dabei auf Ideen für eine Gartengestaltung kommen), kleinere Reparaturen am oder im Haus selbst erledigen – fang mit überschaubaren Projekten an, die höchstens einen Tag in Anspruch nehmen. Wetten, du kommst auf den Geschmack?

Immer auf dem Laufenden bleiben und damit noch Geld verdienen ist im Grunde ganz leicht. Vorschlag: Beteilige dich mit kleinen Beträgen am Investmenthandel. Wirklich? Ja! Obwohl viel dafür spricht, mit steigendem Alter konservativere Anlageformen zu wählen, ist ein aktiver Handel mit einem Teil unseres Vermögens eine gute Übung, den Überblick über die ökonomische Entwicklung zu bekommen. Wer im Aktienhandel eine Chance haben will, muss nämlich über das Weltgeschehen informiert sein.

Handeln – an der Börse!

Ein Blick auf die Wirtschaftsseiten der Zeitung oder ins Internet gibt Aufschluss über die Top-Performer der Börse. Die Kurse aufmerksam verfolgen und ein Gespräch mit der Kundenberatung der Bank führen – so fängt man klein an.

4

Fit bleiben

Wie lange wir gesund bleiben und wie alt wir werden, hat nicht nur mit Schicksal zu tun. Wer fit ist, lebt länger – das ist statistisch erwiesen. Regelmäßige sportliche Betätigung hilft auch dabei, keine überschüssigen Pfunde anzusetzen. Ideal ist, Sport gemeinsam mit Menschen zu treiben, die sich ebenfalls gern bewegen. Schon ein paar Schritte in diese Richtung erhöhen die Chancen, länger gesund und in Form zu bleiben.

Im Alltag gibt es viele Gelegenheiten, sich zu bewegen: Treppe nehmen statt Aufzug oder Rolltreppe, schwimmen gehen, durch die Stadt radeln oder einen ausgiebigen „Spaziergang" durch das größte Kaufhaus vor Ort oder eine Ausstellung unternehmen. Jeder Gang von A nach B ist im Prinzip ein Mini-Work-out. Park das Auto mal etwas weiter entfernt als gewohnt oder steig ein bis zwei Haltestellen früher aus dem Bus oder der U-Bahn aus und leg den Rest des Heimwegs zu Fuß zurück.

Sport in den Alltag integrieren.

Wo verstecken sich mögliche Schritte, die ich gehen könnte? Augen auf, alle Chancen nutzen! Ein digitaler Schrittzähler (gibts auch als App) leistet dabei gute Dienste. Mit wenigen Veränderungen lassen sich beachtliche Ergebnisse erzielen: 15 Minuten täglicher Fußweg addieren sich im Jahr auf 5475 Minuten – das sind gut 90 Stunden!

Zu Hause darf man es sich gern gemütlich machen. Mit Blick auf die Gesundheit ist ein Hauch Ungemütlichkeit allerdings langfristig besser. Deshalb regelmäßig runter von der Couch und an die frische Luft – das bringt neben neuen Eindrücken auch den Kreislauf auf Trab. Mit jedem Schritt in die Welt verbrennen wir Kalorien und pumpen Sauerstoff in die Lungen. Wenn wir das Auto stehen lassen und zu Fuß gehen oder Fahrrad fahren, sehen wir auch wieder die vielen kleinen Dinge am Wegesrand, an denen wir sonst achtlos vorbeifahren.

Keine Ausreden mehr!

Trag einen Monat lang jeden Tag einen Grund in den Kalender ein, um aus dem Haus zu gehen. Das kann ein Besuch in der Eisdiele, im Zoo oder bei einer Freundin sein, ein Bummel über den Wochenmarkt oder ein Spaziergang mit dem Hund der Nachbarn. Statt die Tageszeitung zu abonnieren, kann man sie auch jeden Morgen beim Bäcker oder am Kiosk um die Ecke kaufen.

Für Kochen, Wohnen und Schlafen gibt es in den meisten Wohnungen einen eigenen Raum – da dürfte auch genügend Platz für Fitnessübungen sein. Für sie benötigt man keine Turnhalle. Eine Yogamatte findet im Wohnzimmer Platz, im Arbeitszimmer kann ein Hometrainer, ein Stepper, ein Laufband oder Rudergerät stehen, und während wir in der Küche dem Auflauf im Ofen zuschauen, schnappen wir uns für 10 Minuten die Hanteln. Dehnübungen, Liegestütze oder ein Bauchmuskeltraining lassen sich im kleinsten Schlafzimmer absolvieren.

Sport daheim jederzeit.

Pro Sportgerät im Haus verschwindet eine Ausrede, warum wir zum Sport einfach nicht kommen. Such dir drei Übungen, die du zu Hause mit derselben Selbstverständlichkeit und Regelmäßigkeit erledigen kannst wie Schlafen, Waschen und Essen.

Anregungen für Fitnessübungen zu Hause finden sich im Internet, im Fernsehen und in zahlreichen Büchern. Auch der Alltag bietet jede Menge Gelegenheiten: Gärtnern könnte man auch als „Muskelaufbau-Programm" bezeichnen, Erledigungen zu Fuß als „Walken" und Ballspielen mit dem Hund oder den Enkelkindern als „Herz-Kreislauf-Training". Wie lassen sich Spiel, Spaß und Sport noch verbinden? Schau mal in die Lokalzeitung: Da werden Tanzkurse oder geführte Wanderungen in der Natur oder der Stadt angeboten.

Fit durch Freizeitspaß.

Welche regelmäßigen Aktivitäten könnten mein Fitnessprogramm bereichern? Im Kalender alles, was dafür infrage kommt, mit einem Sternchen versehen. Da kommt ein ganzer Sternenhimmel zusammen!

Mannschaftssport macht doppelt Spaß. Basketball, Rudern, Tanzen, Fußball, Tennis – sich bewegen fällt in Gemeinschaft außerdem viel leichter. Training im Team ist jedes Mal wie Freunde treffen. Und sanfter Gruppenzwang erzeugt einen Zusatzkick für Motivation und Leistung. Selbst wenn wir nicht mehr aktiv auf dem Feld oder in der Halle dabei sein können, bringt der Sport Menschen zusammen. Sei regelmäßiger Zuschauer am Rand des Platzes und feuere dein Team an, geh ins Stadion oder – auch das ist erlaubt – fiebere gemeinsam mit Freunden vor dem Fernseher bei internationalen Turnieren und Wettkämpfen mit.

Sport im Team.

Ruf deine besten Freunde an und überlegt, welchen Sport ihr gemeinsam ausüben könntet.

Auch unter uns Älteren gibt es sie: die wirklich Fitten. Sport treiben mit Anspruch und Ehrgeiz kennt keine Altersgrenze. Ob Golfen, Segeln, Schwimmen, Yoga, Walken, Fahrradfahren, Leichtathletik, Laufen – echt erstaunlich, welche Höchstleistungen manch einer noch erbringt. Mit Leidenschaft und Konzentration trainieren, an Wettkämpfen teilnehmen und bis an die Leistungsgrenze gehen, das bringt auch Routine und Disziplin in den Alltag. Klar, die Gesundheit darf nicht riskiert werden. Gib dein Bestes, arbeite an dir. Du bist bald fitter, als du für möglich gehalten hättest – aber mess dich nicht an früheren Leistungen. Vor zehn, zwanzig Jahren waren wir alle mal besser. Der Spaß steht an erster Stelle.

Trainiere wie ein Profi.

Nicht morgen, sondern heute: Entscheide dich für eine Sportart, die du spannend findest, such dir einen Trainingspartner, setz dir Ziele und versuche ihnen Schritt für Schritt näher zu kommen.

Eine neue Sportart auszuprobieren macht den Alltag aufregend und bunt, Energien werden freigesetzt. Das schöne Gefühl, in einer Sache immer besser zu werden, wird schnell zur positiven Sucht: Mehr davon! Regelmäßige Erfolgserlebnisse stärken unser Selbstbewusstsein und halten uns körperlich und seelisch jung.

Erfolg macht Lust auf mehr.

Welchen Sport habe ich noch nie ausprobiert? Woran könnte ich Spaß haben? Das kommt alles auf eine Liste. Eine neue Sportart fange ich noch diese Woche an.

Welche Sportart hast du immer schon toll gefunden? Schreib eine Liste:

Gibt es in der Nähe einen Tischtennis- verein?

Wo kann ich Tai-Chi kennenlernen?

Welche **Walkingrouten** gibt es in der Umgebung?

Was bietet der **örtliche Sportverein** an?

In vielen **Fitnessstudio- ketten** kann man jeden Kurs in allen Filialen der Stadt besuchen. Mehr **Abwechs- lung** geht nicht.

Muskelaufbau, Kondition und Beweglichkeit verbessern – in einem Fitnessstudio kannst du diese Trainingsziele unter professioneller Anleitung verfolgen. Mitglieder haben freie Auswahl bei den Geräten und unterschiedlichsten Kursen. Bei der Wahl des Studios sind gute Erreichbarkeit, nette Leute (!) und angenehme Räumlichkeiten wichtig. Dann wird aus dem Pflichtprogramm schnell eine Kür, auf die wir – vielleicht sogar täglich – nicht mehr verzichten wollen.

Ins Fitnessstudio gehen.

Such dir einen Fitnessclub, zu dem du auch mit dem Rad fahren kannst. Achte darauf, dass dir die Atmosphäre dort gefällt.

Gemeinsam trainieren ist gut für die Motivation und das Durchhaltevermögen. Wenn wir im Tandem Sport treiben, gibt es die externe Kontrolle unserer Trainingsfortschritte gratis dazu. Sich an jemandem zu messen macht auch bei Einzelsportarten wie Joggen, Schwimmen oder Radfahren Spaß. Wer zum Sport verabredet ist, hat keine Ausrede mehr, dass gerade heute wieder so viel anderes ansteht. Raus aus der Bude, Glieder schütteln und den Kopf frei kriegen.

Tu dich mit jemandem zusammen.

Schnapp dir eine/n Gleichgesinnte/n, mit der/dem du zweimal in der Woche Sport treibst oder zusammen einen Trainer buchst.

5

Du bist, wie du isst

An Ratgebern über die richtige Ernährung herrscht kein Mangel. Das ist auch gut so, denn gesundes Essen ist wichtig. Im folgenden Kapitel stellen wir einen meist vernachlässigten Aspekt in den Vordergrund, nämlich „wie" gesundes Essen geht. Erste Regel: Schluss mit Fertiggerichten und Snacks to go! Stattdessen regelmäßige Mahlzeiten, bei denen wir uns auf den Geschmack und das Genießen konzentrieren. In allen Kulturen der Welt steht gemeinsames Essen im Mittelpunkt. Diese Selbstverständlichkeit sollten wir, so oft es geht, (wieder) in unser Leben integrieren. Gut für die Gesundheit, gut fürs Miteinander, gut für uns.

Ein belegtes Brötchen unterwegs essen? Ja, kann man mal machen. Aber wer ständig achtlos und nebenbei isst, verpasst das Beste am Essen: den Geschmack und den Genuss. Nimm wieder bewusst wahr, was du deinem Körper zuführst. Entspann dich und gib deinem Organismus das, was er braucht. Langsam essen, gut kauen – so nimmt man automatisch die richtige Menge zu sich und fühlt sich hinterher wohl.

Gutes Essen braucht Zeit.

Drei Mahlzeiten, regelmäßig über den Tag verteilt. An den Tisch setzen. Sich Zeit nehmen. Schmecken. Das lernt man eigentlich schon als Kind.

Essen ist nicht nur zum Sattwerden da. Es ist eine kulturelle Errungen-schaft. Zum stilvollen Umgang mit Essen gehören Zutaten wie Musik, Kerzenlicht, das Abschalten von Fernseher und anderen Ablenkungen und die Aufmerksamkeit für das, was wir uns einverleiben. Der Genuss steigt, wenn wir uns zum Essen an einen schön gedeckten Tisch setzen. Lass dir jeden Bissen auf der Zunge zergehen …

Essen in Wohlfühlatmosphäre.

Wie sieht es in deinem Lieblingsrestaurant aus? Was gefällt dir dort besonders gut und lässt sich auch zu Hause umsetzen?

Essen in Gesellschaft hat wirklich viele Vorteile. Gemeinsame Mahlzeiten bekommen automatisch einen höheren Stellenwert. Wir achten schon beim Einkauf und bei der Zubereitung mehr darauf, was wir servieren wollen. Schön ist es, wenn wir auch die räumlichen Voraussetzungen für Gäste haben. Ein großer Esstisch ist gut; für Mahlzeiten mit lieben Freunden reichen auch Tresen und Hocker. Dann sitzen alle locker beisammen, naschen vorweg ein paar Oliven und plaudern, bis die dampfenden Schüsseln auf dem Tisch stehen.

In Gesellschaft schmeckt es besser.

Wie kann ich mit Gästen bei mir zu Hause gemütlich essen? Ein Tisch, vier Stühle drum herum, in die Mitte des Zimmers gerückt – das reicht. Einmal die Woche solltest du Freunde zum Essen einladen.

Kochshows und Foodmagazine vermitteln manchmal den Eindruck, alle Welt zaubere ständig mindestens Drei-Gänge-Menüs. Die Realität sieht ja ganz anders aus. Wer von uns hat schon Zeit und Kraft für stundenlange Einkäufe, für Schnippeln, Kochen, Aufräumen und hinterher Saubermachen? Hochwertige Mahlzeiten fangen mit hochwertigen Lebensmitteln an. Kartoffeln vom Bauern aus der Region, die wöchentliche Lieferung von Biogemüsekisten oder unterschiedlichste Bestellmodelle im Internet machen es heutzutage wirklich leicht, an frische Zutaten von guter Qualität zu kommen. Dann reicht nämlich auch ein einziger Gang.

Ganz easy gut essen.

Probiere einmal die Woche ein möglichst schlichtes, aber ausgewogenes neues Rezept aus. Nach und nach kannst du auf ein Repertoire an tollen und gesunden Gerichten zurückgreifen, die dir locker von der Hand gehen.

Manchmal sind es nur ein paar Handgriffe, die den Anfänger vom Meisterkoch unterscheiden. Diese Tricks können wir uns von Profis im Fernsehen abgucken, in Kochkursen an Volkshochschulen oder bei verschiedenen spezialisierten Anbietern lernen. Kurse sind immer auch eine schöne Gelegenheit, auf Gleichgesinnte zu treffen. Daneben sind Koch-Apps oder Internetvideos zu jeder Tages- und Nachtzeit zuverlässige Quellen.

Von Profis lernen.

Teil das neue Wissen gleich mit Freunden – veranstaltet einen gemeinsamen Kochabend zu einem bestimmten Thema bei dir zu Hause.

Gibt es in deiner Nähe ein Restaurant mit guter Küche und netten Betreibern? Geh regelmäßig dort essen oder lade jedes Jahr hierhin zum Geburtstag ein. Die Küchencrew und das Personal werden dich bald wie ein Familienmitglied begrüßen. Stammgäste sind enorm wichtig für Restaurants, Cafés und Bars. Das sichert ihre Einkünfte und macht aus einem anonymen Lokal eine Institution. Hier treffen sich die Menschen aus dem Viertel. Wenn's gut läuft, treten vielleicht auch Musiker auf oder es finden andere kulturelle Veranstaltungen statt. Wie in einem Wohnzimmer kommen die Menschen zusammen – und essen in geselliger Runde.

Mein Lieblingslokal.

Geh mal in das nette Restaurant um die Ecke und frag, ob es möglich ist, dort einen wöchentlichen Stammtisch für dich und deine Freunde zu reservieren.

6

Mobil bleiben

Mobilität macht einen großen Teil unseres Lebens aus, ob wir reisen, den Alltag koordinieren oder in der Freizeit unterwegs sind. Ab einem bestimmten Punkt im Leben ist Mobilsein nicht mehr selbstverständlich. Wir werden unsicherer im Straßenverkehr, ob als Autofahrer, Radfahrer oder Fußgänger, wir sehen schlechter und aus dem abendlichen Spaziergang um den Block wird eine Kraftanstrengung, die Überwindung kostet. Einen Denkfehler darf man jetzt nicht machen: Eigene Mobilität ist nicht zwingend notwendig, um am aktiven Leben weiter teilzuhaben. Es gibt viele Wege, unsere Lebensqualität zu erhalten und „unterwegs" zu sein, auch wenn die Kräfte nachlassen.

Die meisten von uns sind es gewohnt, sich mit dem Auto durch die Welt zu bewegen. Dabei könnten wir oftmals problemlos darauf verzichten. Im städtischen Umfeld sind viele Wege kurz genug, um sie zu Fuß zu bewältigen. Drei Wege zu einem autofreien oder autoreduzierten Leben: Die öffentlichen Verkehrsmittel nutzen, das Fahrrad für kürzere Strecken nehmen und sich mit Freunden und Nachbarn kurzschließen, welche Erledigungen und Fahrten man gemeinsam erledigen könnte (macht auch mehr Spaß). Probiere auch Mitfahrgelegenheiten und Carsharing.

Ein Leben ohne Auto.

Das eigene Auto braucht man im Alltag meist weniger, als man denkt. Wie wär's mal mit einer autofreien Woche zur Probe? Dabei lässt sich entdecken, welche ungeahnten Mobilitätsmöglichkeiten wir haben. Auch wenn wir noch Autofahren können.

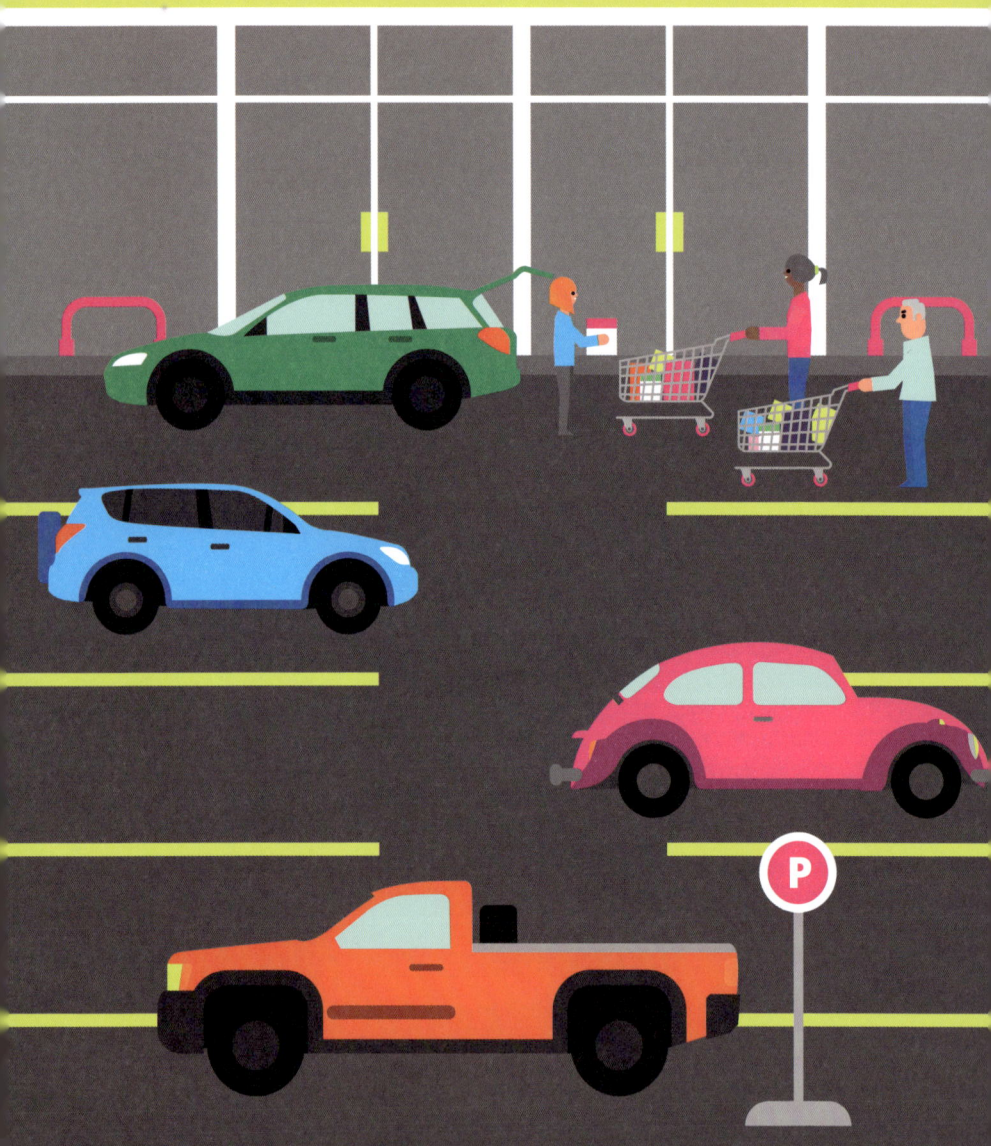

Warum allein zum Großeinkauf fahren, wenn man daraus auch einen Ausflug in bester Gesellschaft machen kann? Tu dich mit Nachbarn zusammen. Es findet sich immer jemand, der oder die gern am Steuer sitzt und andere mitnimmt. Solche Fahrgemeinschaften verwandeln eine lästige Pflicht in ein gemeinsames Erlebnis. Sie sind außerdem gut fürs Portemonnaie, denn preisgünstige Familienpackungen können untereinander aufgeteilt werden. Dem Modell Fahrgemeinschaft gehört die Zukunft: Es ist umweltfreundlich, spart Geld und ist gut für alle, die sich den Stress des Selberfahrens nicht mehr antun wollen.

Gemeinsam unterwegs.

Tu dich mit Freunden und Nachbarn zusammen. Vereinbart feste Termine und überlasst das Steuer demjenigen, der am meisten Lust aufs Fahren hat. Die Benzinkosten werden auf alle umgelegt.

THEATER

Wenn wir ehrlich sind, steht unser Pkw 90 Prozent der Zeit ungenutzt herum. Überschlag mal die monatlichen Fixkosten für ein Auto – da kommt eine ziemliche Summe zusammen, die du für Mobilität in anderer Form ausgeben könntest. Es gibt so viele Alternativen: Bus und Bahn, Taxi, Mietauto oder Fahrgemeinschaften. In größeren Städten hat sich der Trend des Carsharing erfolgreich durchgesetzt, kleinere Regionen folgen. Per Mobilitäts-App findet sich schnell ein Auto in der Nähe, das unkompliziert am Zielort abgestellt werden kann. Dann müsste man sich auch nicht mehr um die lästigen Reparaturen und Inspektionen kümmern.

Auto leihen statt besitzen.

Mit einer Probemitgliedschaft bei einem Carsharing-Unternehmen lässt sich testen, ob dieses Mobilitätsmodell für dich infrage kommt.

Selbst steuern oder steuern lassen? Das selbstfahrende Auto, lange eine Utopie, rückt in greifbare Nähe. Es gibt derzeit eine Reihe von Pilotprojekten der verschiedensten Autohersteller, aber auch von Technologieunternehmen für automatisierte Formen der Mobilität. Das könnte den Verkehr revolutionieren. Für ältere Menschen hätte das deutliche Vorteile. Solange die Verkehrsplanung, die Infrastruktur, die juristischen Belange und die Technik noch nicht so weit sind, stehen uns verschiedene Assistenzsysteme zur Verfügung.

Autonomes Fahren.

Ob Einparkhilfe, Spurwechselassistent oder Notbremssystem – es gibt heute schon eine Menge technischer Hilfen, die Autofahren im Alter erleichtern.

Die Lieferung von Essen bis vor die Haustür ist ein moderner Segen für Menschen, die in ihrer Beweglichkeit eingeschränkt sind. Die Auswahl nicht nur in Städten ist riesig. Ein Blick ins Internet reicht, um das Richtige für sich zu finden: ob täglich zur Mittagszeit oder nur nach Bedarf, Landhausküche oder asiatisch, vegetarisch oder Diätkost. Wenn das Essen ins Haus geliefert wird, kann das den Alltag schon sehr erleichtern – es darf nur keine Ausrede sein, um nicht mehr vor die Tür zu gehen.

Bei Anruf Essen.

Probiere aus, ein- bis zweimal die Woche warmes Essen liefern zu lassen. Oder lass dir Getränke und schwere Einkäufe aus dem Supermarkt nach Hause bringen.

Sollten wir einmal so stark eingeschränkt sein, dass wir nicht mehr ohne Weiteres vor die Tür kommen, können wir immerhin für einen bequemen Platz am Fenster sorgen. Der freie Blick nach draußen, der uns heute eher unwichtig erscheinen mag, wird dann zum Tor zur Welt. Schon kleine Veränderungen schaffen Aussichten, die Freude bereiten, zum Beispiel ein bequemer Sessel vor dem Fenster oder ein luftiger Vorhang, der mehr Tageslicht hereinlässt. Richte dir einen Logenplatz ein! Vielleicht wäre auch ein Umzug zur rechen Zeit keine schlechte Idee. Schließlich könnte die Wohnung eines Tages dein ständiger Aufenthaltsort sein.

Zimmer mit Aussicht.

Wenn du in deinem Bett liegst oder auf dem Sofa sitzt, schau dich um: Wie lässt sich der Raum verschönern? Ein kleiner Spiegel, eine zusätzliche Lampe oder eine frische Wandfarbe erzeugen ein ganz neues Raumgefühl.

Videochat und Instant-Messaging-Dienste machen es in unserer digitalen Welt so leicht wie noch nie, mit Freunden und Familie in Kontakt zu bleiben. Es lohnt sich, die Scheu vor den neuen Medien abzuschütteln und in Mobilgeräte zu investieren, die zudem immer erschwinglicher werden. Ihre Technik zu bedienen ist im wahrsten Sinne des Wortes kinderleicht.

Virtuelle Nähe.

Heute sind wir nicht mehr so auf räumliche Nähe angewiesen, um uns mit anderen Menschen direkt auszutauschen. Ein kurzer Gruß mit Foto per Smartphone, eine E-Mail oder ein Winken von Bildschirm zu Bildschirm – jüngere Generationen nutzen die neuen Möglichkeiten ganz selbstverständlich. Worauf warten wir eigentlich noch?

7

My home is my castle

Beim Erwerb einer Immobilie gilt der Wiederverkaufswert als wichtiges Kriterium. Dabei ist es eigentlich viel entscheidender, dass wir uns in den eigenen vier Wänden und in der Umgebung rundum wohlfühlen. Unser Heim sollte unserem Lebensstil und unseren Bedürfnissen entsprechen. Dabei kommt es vor allem auf die Wohnform, das richtige Maß an Wohnfläche und die möglichst reibungslose Organisation unseres Alltags an. Diese Belange verändern sich im Laufe eines Lebens. Ohnehin sollte man alle paar Jahre sein Zuhause unter die Lupe nehmen und den Verhältnissen anpassen – je älter wir werden, desto wichtiger ist das. Behalte bei der Wahl einer neuen Wohnung und erst recht beim Bau eines eigenen Hauses von Anfang an im Blick, wie flexibel die Räume gestaltet und genutzt werden können.

Regelmäßige Vorsorgetermine beim Arzt sind für Menschen in der zweiten Lebenshälfte eine Selbstverständlichkeit. Kein Thema ist hingegen der Wohnungscheck. Warum eigentlich nicht? Das Unfallrisiko steigt mit zunehmendem Alter auch in den eigenen vier Wänden, etwa wenn „Stolpersteine" wie unebene Bodenbeläge oder zu hohe Schränke uns behindern. Was für das Familienleben einmal gut war, muss jetzt nicht mehr unbedingt passen. Individuelle Beratungen, wie wir unser Zuhause altersgerecht gestalten können, bieten viele Architekturbüros an.

Der Zuhause-Check.

Statt Arztbesuch oder Autoinspektion mal eine Wohnungsanalyse durchführen lassen! Die professionelle Beratung kann dazu beitragen, dass wir lange sicher und selbstständig in der vertrauten Umgebung bleiben und unseren Alltag allein bewältigen können.

Unsere Umgebung hat großen Einfluss auf unser Wohlbefinden, wirkt wie eine Umarmung, kann positive Gefühle auslösen und Energien freisetzen. Fenster sind wichtig, weil sie für lichtdurchflutete Räume sorgen und einen Übergang zur Außenwelt darstellen. Natürliche Materialien wie Holz und Stein strahlen Behaglichkeit und Wärme aus.

Schöner wohnen.

Innenarchitekten kennen viele hilfreiche Tipps, wie man mit Stoffen, Licht und Farbe eine gemütliche Atmosphäre schaffen kann, auch ohne dafür allzu tief in die Tasche greifen zu müssen. Ein Termin ist schnell vereinbart!

Jeder Quadratmeter Wohnfläche kostet Geld und macht Arbeit. Deswegen lohnt sich die Überlegung, wie viel Platz wir wirklich benötigen. Was, wenn sich unser großes Haus zunehmend als Belastung erweist? Brauchen wir noch die Kinderzimmer, die Garage und die zwei Bäder? Neben den Wartungs-, Heiz- und Nebenkosten ist zu bedenken, dass auch alles sauber gehalten werden muss. Wenn wir uns früh genug verkleinern, bleiben uns viel Zeit und Geld für andere Dinge, die das Leben schön machen.

Weniger ist mehr.

Führe einen Monat lang eine Liste darüber, wie viel Zeit du in welchem Raum verbringst. Du könntest dir überlegen, in ein Haus oder eine Wohnung mit nur so vielen Zimmern zu ziehen, wie du jetzt wirklich benötigst.

Oft bleiben wir in zu groß gewordenen Wohnungen und Häusern wohnen, weil die Trennung von lieb gewonnenen Gegenständen schwerfällt. Räum deine Schränke auf und verschenk alles, was du nicht mehr brauchst. So befreist du dich von jahrelangem Ballast und weißt trotzdem, dass diese Dinge weiterhin einen Zweck erfüllen. Es gibt verschiedene platzsparende Aufbewahrungs- und Ordnungssysteme. Unverzichtbare Erinnerungen wie Fotos lassen sich in Archivboxen aufbewahren oder digitalisieren. Welche Dinge sind dir wirklich wichtig und brauchst du noch zu deinem Glück? Über alles andere, was von Wert ist, freuen sich noch zu deinen Lebzeiten Familienmitglieder, Freunde oder gemeinnützige Organisationen. Schenken macht glücklich!

Simplify your life.

Heute kommt der erste Schrank dran. Trenn dich von zehn Dingen. Eine gute Regel für zukünftige Anschaffungen: Für jedes neue Teil ein altes aussortieren.

Machen wir uns nichts vor: Unser Wohnstil ist oftmals repräsentativ, das Haus ein Statussymbol. Ein gewisser Luxus ist sicherlich begrüßenswert, kann aber auch zur einschränkenden Belastung werden. Was spricht dagegen, das zu groß gewordene Haus oder die viel zu teure Wohnung gegen eine kleine, auf die neuen Bedürfnisse zugeschnittene Wohnung einzutauschen? Lern die Grün-, Sport- und Freizeitanlagen in deiner Umgebung kennen und nutzen. Du sparst nicht nur Wohnfläche ein (und damit Geld und Arbeit), sondern kommst auch mehr vor die Tür. Das wird dein Leben bereichern.

Luxus hat nichts mit Besitzen zu tun.

Wo in deinem Wohnumfeld ist der nächste Park mit Café, ein schönes Schwimmbad und die öffentliche Bücherei? Probiere die Angebote aus – ist ein Umzug möglicherweise eine bessere Alternative zur jetzigen Situation?

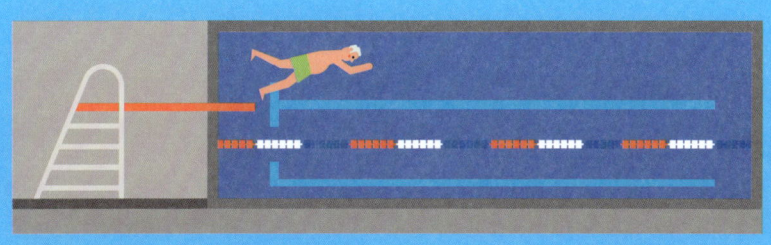

Ob Eigenheim oder Mehrfamilienhaus: Das Zuhause beginnt schon vor der Haustür. Zufahrt und Eingangsbereich sollten in deinem eigenen und im Interesse der Besucher praktisch angelegt sein. Ist der Weg zum Eingang und ins Haus ohne Hindernisse passierbar und gut beleuchtet? Ist ein Parkplatz vorhanden, sodass sich die Einkäufe auf kurzem Wege aus dem Kofferraum in die Küche transportieren lassen? All das sorgt für den reibungslosen Tagesablauf im Alter.

Bereite dir einen guten Empfang.

Wie wirkt der Hauseingang auf jemanden, der zum ersten Mal herkommt? Versuch ihn mit fremden Augen zu sehen. Beseitige Gefahrenquellen, schaff freien Zugang von mehreren Seiten und sorg für gute Beleuchtung – oder sprich die Hausverwaltung darauf an.

Unser Zuhause wird „smart". Die zentrale Steuerung von Heizung, Licht, Sicherheits- und Unterhaltungssystemen lässt sich per App auf dem Smartphone sogar aus der Ferne vornehmen. So ist bei unserer Ankunft zu Hause alles auf unsere Bedürfnisse abgestimmt. Besonders praktisch sind Funktionen wie programmierbare Heizungssteuerung, sodass die Räume nach längerer Abwesenheit oder je nach Tageszeit in der gewünschten Temperatur geheizt sind, oder auch das automatische Abschalten von Elektronikgeräten wie dem Herd – falls wir das aus Versehen vergessen sollten.

Alles unter Kontrolle.

Es gibt inzwischen Apps, die alle Funktionen in sich vereinen und mit denen sich die ganze Wohnung auf einen Klick steuern lässt.

Für ein unbeschwertes Wohnen ohne größere Unfallrisiken lohnt sich ein regelmäßiges Sicherheits-Update. Dazu gehört etwa das Anbringen von simplen Haltegriffen. Altersgerechtes Wohnen muss nicht nach Seniorenheim und medizinischen Hilfsmitteln aussehen. Mittlerweile gibt es ästhetische Lösungen, die sich unauffällig in das Raumkonzept integrieren lassen.

Fester Halt auf Schritt und Tritt.

Es lohnt sich, früh genug in Handgriffe auf Treppen, am Eingang und im Badezimmer zu investieren. Für viele Sicherheitsmaßnahmen gibt es moderne Lösungen, die ebenso funktional wie optisch ansprechend sind.

Ein Läufer im Flur, über den immer alle stolpern? Nichts wie weg damit! Unterschiedlich hohe Bodenbeläge, Türschwellen oder Treppenstufen zwischen zwei Räumen sind unnötige Gefahrenquellen, die sich leicht durch eine Rampe ausgleichen lassen. Überhaupt Treppen: Sie sind die Hauptursache für Stürze und Verletzungen, die zum Verlust der Selbstständigkeit führen. Deshalb ist es gut, wenn alle wichtigen Räume – also Küche, Badezimmer und Schlafzimmer – auf einer Ebene liegen. Kleine Maßnahmen reduzieren das Unfallrisiko auf der Treppe erheblich: gute Beleuchtung, ein Geländer an beiden Seiten und rutschfeste Bodenbeläge in kontrastreichen Farben, die Stufen besser sichtbar machen.

Barrierefreies Wohnen.

Ein guter Test für die „freie Fahrt" zu Hause: Rollkoffer aus dem Schrank holen und die ganze Wohnung damit „bereisen". So kommt man allen möglichen Stolperfallen auf die Spur.

Übernachtungsgäste zu beherbergen kann etwas sehr Schönes sein. Ein Gästezimmer oder auch ein Schlafsofa machen einen Besuch viel persönlicher als eine Hotelübernachtung. Es macht den Besuch auch viel erschwinglicher, da kommt manch einer gern öfter vorbei. Optimal ist es natürlich, wenn man dem Besucher (und sich selbst) eine gewisse Privatsphäre bieten kann, zum Beispiel durch ein eigenes Badezimmer. Ein Gästezimmer kann eines Tages auch für die Unterbringung einer Pflegekraft genutzt werden.

Schaff Platz für Besuch.

Handwerker und Architekten finden Lösungen, wie sich in einer Wohnung Platz für Gäste schaffen lässt, auf die man selbst nie käme!

Der Mittelpunkt unseres Zuhauses.

Die Küche ist das Herzstück eines Haushalts, der heimliche Treffpunkt und Ort der Kommunikation. Eine funktionale Gestaltung der Küche ist die Voraussetzung dafür, dass wir sie lange nutzen können.

Funktional heißt, dass Arbeitsflächen und Geräte für alle Phasen der Mobilität die richtige Höhe haben. Schon ein paar kleine Veränderungen – lieber früher als später – gewährleisten, dass wir weiterhin mühelos arbeiten, essen und wohnen können. Selbst wenn wir eines Tages mehr sitzen als stehen.

Checkliste Küche

Die wichtigsten Zutaten sind
einfach zu greifen.

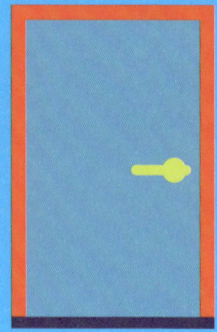

Tür mindestens 1 Meter breit und
leicht zu öffnen.

Lager- und Stauräume auf einer
praktischen Höhe.

Spülen mit Einhand-
Mischbatterien.

Harter Bodenbelag aus Holz,
Fliesen oder Naturstein, auch für
Gehhilfen oder Rollstühle geeignet.

Stangengriffe statt kleine Knaufe
an Schränken und Schubladen.

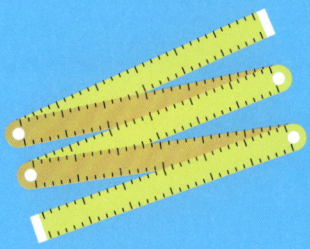

Mindestens 1,20 Meter
breiter Gang, um genügend
Bewegungsfreiheit zu haben.

Angemessene Höhe der
Arbeitsflächen.

Langer Wasserhahn, evtl. zum
Herausziehen.

Unterfahrbare Spüle, um im Sitzen
arbeiten zu können.

Küchenutensilien und Geräte: Alles,
was sich schwer bedienen lässt,
gehört aussortiert und
durch bedienungsfreundliche,
ergonomische Geräte ersetzt.

Schön designt und gleichzeitig praktikabel.

Alltagstauglich bedeutet, dass unsere Wohnung – vor allem das Badezimmer – in allen Stadien des Lebens gute Bewegungsfreiheit gewährleistet. Pass das Bad immer wieder neu an dein Leben an – und gestalte es mit Geschmack um, sodass sich auch Gäste wohlfühlen.

Checkliste Badezimmer

Ausziehbarer oder höhenverstellbarer Spiegel.

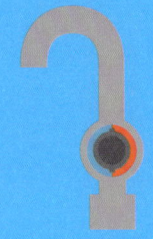

Verbrühungsschutz an Waschbecken und Dusche.

Ganzkörperspiegel.

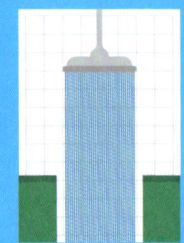

Bodentiefe Dusche mit Platz für einen Waschsitz.

Höhenverstellbare Waschtische, die auch im Sitzen genutzt werden können.

Ausreichende Bewegungsfreiheit.

Haltegriffe an WC, Dusche, Badewanne und Waschtisch.

Rutschfester Bodenbelag.

Bedienungsfreundliche Armaturen.

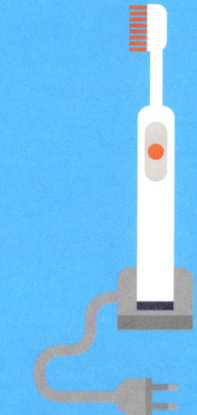

Steckdosen und Elektrogeräte in Griffnähe.

Leicht erreichbare Handtücher an der Dusche und am Waschbecken.

Guter Zugang zu allen Sanitärobjekten.

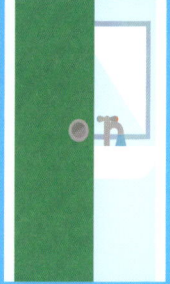

Tür mit Drücker oder zum Schieben, mindestens 1 Meter breit.

Dusch- oder Waschsitz.

Schaltzentrale Bett.

Gibt es etwas Schöneres, als morgens im Bett zu dösen? In keinem anderen Raum verbringen wir so viel Zeit wie im Schlafzimmer. Vor allem, wenn wir irgendwann die meiste Zeit des Tages im Bett liegen müssen, wird das Schlafzimmer zum

Multifunktionsraum. Es sollte geräumig genug sein, um auch Platz für ein medizinisches Bett und Zubehör zu haben. Wünschenswert ist ein schöner Ausblick, Tageslicht, ein Zugang zum Badezimmer – und eine schöne Zimmerdecke: Auf die fällt im Liegen der Blick.

Checkliste Schlafzimmer

Mindestens 1,50 Meter Bewegungsfreiheit vor dem Bett.

Gute Beleuchtung im ganzen Zimmer.

Gut sortierter Kleiderschrank, frische Wäsche in griffbereiter Nähe.

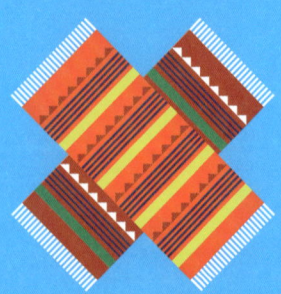

Weg mit den Läufern vor dem Bett! Sie stellen vor allem nachts ein Unfallrisiko dar.

Bett mit komfortabler Verstellung des Kopf- und Fußteils.

Telefon in unmittelbarer Bettnähe.

Guter Zugang zu allen
Raumelementen.

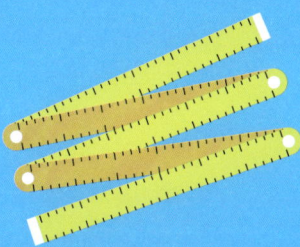

Ausreichend große Liegefläche.

Tür mit Drücker oder zum Schieben,
mindestens 1 Meter breit.

Türschwellen und Bodenunebenheiten
entfernen.

Das Bett von drei Seiten aus
zugänglich machen.

Gemütlichkeit für uns und andere.

Im Wohnzimmer entfaltet sich Leben. Hier feiern wir Feste, ruhen uns aus und verbringen mit lieben Menschen gemeinsame Stunden, an die wir uns gern erinnern. Deshalb sollte der Raum für die verschiedensten Aktivitäten geeignet sein und unserem Lebensstil entsprechen. Und weil er außerdem der Ort ist, an dem sich unsere Gäste aufhalten, sollte er Platz für entspanntes Beisammensein bieten.

Checkliste Wohnzimmer

Räum Hindernisse
aus dem Weg und sorge für
Barrierefreiheit im Zimmer.

Staubfänger ade! Möglichst
wenige Flächen, auf denen sich
Krimskrams und Papierstapel wie
von allein ansammeln.

Multifunktional: Im Regal darf
alles Mögliche liegen. Hauptsache,
wichtige Dinge sind griffbereit!

Tür mit Drücker oder zum Schieben,
mindestens 1 Meter breit.

Es lohnt sich, in eine bequeme Sitzgelegenheit zu investieren. Auch Besucher wissen das zu schätzen!

Variable Beleuchtung je nach Tageszeit und Atmosphäre ist wichtig für einen multifunktionalen Raum.

Wohnzimmer und Küche sind idealerweise so konzipiert, dass Kochen und der Kontakt zu den Gästen gleichzeitig möglich ist.

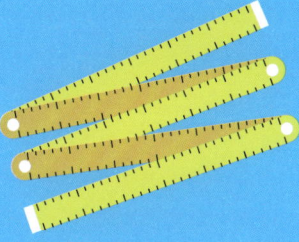

Ausreichend Bewegungsfreiheit im Raum und guter Zugang zu allen Hauptelementen.

Zuhause arbeiten.

Arbeiten ist keine Frage des Alters. Egal ob wir noch mal ein Start-up wagen, ein Archiv für unsere Familiengeschichte anlegen oder Korrespondenz erledigen:

Ein gut organisierter Schreibtisch in der Ecke eines Raumes ist dafür unverzichtbar. Er lässt sich auch mit wenig Platz einrichten. Achten sollten wir aber auf die ergonomische und altersgerechte Gestaltung des Arbeitsplatzes.

Checkliste Arbeitszimmer

Harter Bodenbelag aus Holz, Fliesen oder Naturstein, auch für Rollstühle geeignet.

Arbeitsflächen und Ablagen in unterschiedlichen Höhen.

Ausreichend Bewegungsfreiheit, möglichst von mehreren Seiten.

Lange Griffe statt kleine Knaufe an Schränken und Schubladen.

Bequemer, sicherer und in der
Höhe verstellbarer Stuhl.

Ein Regal in praktischer Höhe für
regelmäßig benötigte Arbeitsgeräte
und -literatur, aber auch für
persönliche Gegenstände.

Flexibler Stauraum, auch im Sitzen
bedienbar – der Schreibtisch sollte
unterfahrbar sein.

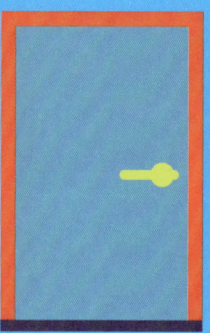

Tür mindestens 1 Meter breit und
leicht zu öffnen.

8

Service und Komfort

Wir sollten darauf gefasst sein: Irgendwann schaffen wir nicht mehr alles allein. Aber am besten, wir lassen uns nur da helfen, wo es wirklich nicht mehr anders geht, und bewahren ansonsten unsere Selbstständigkeit. Es gibt verschiedene Möglichkeiten, die Lebensqualität im Alter aufrechtzuerhalten: mithilfe von Dienstleistern oder auch mal Freunden, durch den Einsatz technischer Hilfsmittel oder indem man sich mit anderen zusammentut. Hilfe annehmen und sich damit Autonomie bewahren muss kein Widerspruch sein, ganz im Gegenteil: Hilfe und Unterstützung sind für möglichst lange Selbstständigkeit unverzichtbar.

Keiner muss alles selbst können. Zum Glück gibt es Menschen, die uns ihre Dienste gegen Bezahlung anbieten. Haushaltshilfen nehmen nicht nur Arbeiten ab, die für uns zu schwer geworden sind, sie bringen auch Abwechslung, Gespräche und frischen Wind in die Bude. Erkundige dich bei Serviceagenturen über die gängigen Tarife in deinem Wohngebiet, damit du die Kosten realistisch abschätzen kannst.

Bezahlte Hilfe.

Wenn die externe Hilfe nur schwer zu finanzieren ist, welche Möglichkeiten gibt es noch? Könnte ich zum Beispiel jemandem ein Zimmer mietfrei zur Verfügung stellen und im Gegenzug erledigt er oder sie den Einkauf oder das Staubsaugen?

Die Kosten für eine Haushaltshilfe lassen sich reduzieren, wenn man sie mit anderen teilt. Wenn fünf Freundinnen oder Freunde gemeinsam eine Haushaltshilfe anstellen, kann jede/r einen Tag Arbeit in Anspruch nehmen. Das reicht schon als Entlastung bei den schwierigeren Aufgaben. Durch eine gemeinsame Planung rücken wir mit unseren Freunden näher zusammen. Die Angst vor dem Verlust der Selbstständigkeit wird erträglicher, wenn man merkt: Alle sitzen im selben Boot. Wir werden halt älter.

Geteilte Hilfe.

Was halten deine Freunde von der Idee, sich als Gruppe eine Haushaltshilfe zu suchen? Überlegt gemeinsam, wie sich die Hilfe am effektivsten aufteilen ließe.

Die kostengünstigste Form der Hilfe ist das Prinzip der Gegenseitig-keit. Wir sind älter geworden, aber keineswegs unnütz. Wer noch Auto fährt, kann zum Beispiel für jemand anderen mit einkaufen, wer fit ist, erledigt gern Gartenarbeiten und wird dafür bekocht. Füreinander da zu sein gibt dem Alltag Struktur, dem Leben einen Sinn und macht glücklich. Verändert sich die Situation der Betreffenden, lassen sich leicht neue Varianten finden.

Gegenseitige Hilfe.

Mit welchen fünf Dingen, die andere für dich erledigen könnten, wäre dir in deinem Alltag am meisten geholfen? Was könntest du im Gegenzug anbieten?

Von jemandem Hilfe zu erhalten, zumal wenn sie freiwillig ist und mit Freuden geschieht, ist ein großes Geschenk. Villeicht können wir etwas zurückgeben. Das muss nicht immer Geld sein. Manchmal ist eine andere „Währung" viel wertvoller: ein aufrichtiges Dankeschön, das gemeinsame Erlebnis oder die Anerkennung und Wertschätzung, dass da jemand sein eigenes Bedürfnis für uns zurückstellt. Das wird in Zeiten, in denen sich jeder vor allem um sich selbst kümmert und sich soziale Strukturen auflösen, zunehmend wichtiger.

Ehrenamtliche Hilfe.

Welche Verbände oder Vereine in der Nähe bieten ehrenamtliche Leistungen an, die du in Anspruch nehmen könntest? Das können karitative, nachbarschaftliche oder kirchliche Organisationen sein. In vielen Städten gibt es Beratungsstellen, die Angebot und Nachfrage koordinieren.

Die meisten Menschen helfen gern – allerdings sind die Zeitfenster bei jedem begrenzt. Beruf, Familie, Partnerschaft – gerade Menschen, die jünger sind als wir, sind vielfältig eingespannt. Da kann man keine regelmäßige oder intensive Unterstützung von einem Einzigen erwarten. Wagen wir ein Experiment und nutzen neue Formen der Kommunikation und Organisation: Mittels eines digitalen Kalenders vernetzt sich die (erweiterte) Familie. Alle schreiben ihre Zeiten auf, in denen sie Hilfe brauchen oder anbieten. Wenn du zum Beispiel einmal im Monat zum Arzt gefahren werden musst, kann jemand, der gerade Zeit hat, sich dafür eintragen. Im Gegenzug hütest du Haustiere in den Ferien oder erledigst Bügelwäsche (geht auch im Sitzen), recherchierst den günstigsten Stromanbieter oder hilfst bei der Planung der neuen Küche. Du wirst noch ganz schön gebraucht ...

Jeder so, wie er kann.

Ein gemeinsamer digitaler Kalender hat neben dem Gefühl, nicht allein zu sein, auch noch einen weiteren entscheidenden Vorteil: Keiner fühlt sich zu einer bestimmten Hilfe an einem bestimmten Tag verpflichtet.

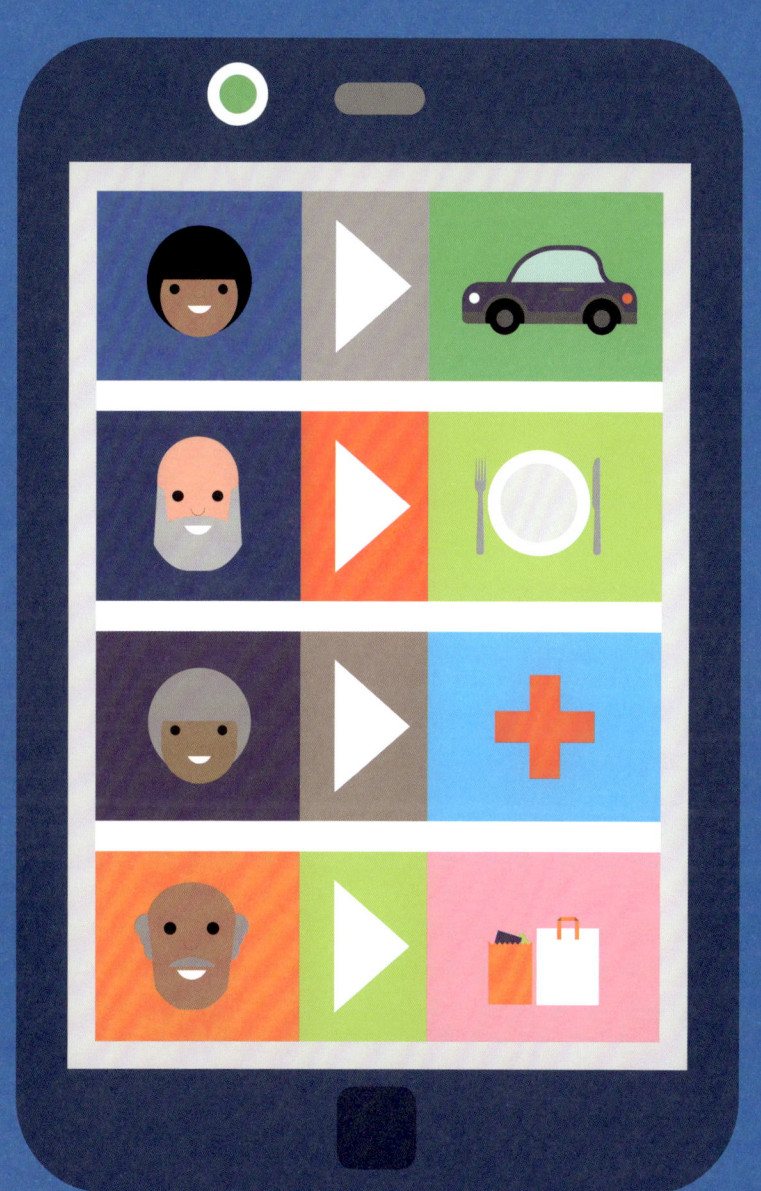

Heute sind Dinge möglich, die bis vor Kurzem noch Zukunftsvision waren. Wir sollten technologischen Neuerungen gegenüber aufgeschlossen sein, denn sie unterstützen unsere Selbstständigkeit. Über das Internet können wir fast alles bestellen, auch wenn wir nicht vor die Türe kommen. Die Digitalisierung wird weiter foranschreiten, fast täglich werden neue Assistenzsysteme für Senioren angeboten. Mach dich mit den neuen Möglichkeiten vertraut und nutze sie!

Smart Services.

Verschaff dir einen Überblick darüber, welche Dienstleistungen und intelligenten Technologien es gibt: Onlineportale für handwerkliche Dienste, telemedizinische Betreuung, Raumsensoren als Notfallhilfe im häuslichen Umfeld u.v.m.

Viele Handlungen vollziehen wir mehr oder weniger automatisch, ohne uns groß Gedanken darüber zu machen: Zähneputzen, duschen, zur Toilette gehen, anziehen. Und dann ändert sich alles, manchmal ganz plötzlich. Routinehandlungen werden zu Kraftakten. Pflegebedürftigen steht staatlicherseits eine Vielzahl an Hilfsmitteln zur Verfügung – finanzieller, organisatorischer und beratender Art. Um am Tag X die Verantwortung nicht den Angehörigen aufzubürden, ist es ganz wichtig, dass du dich zum Beispiel um eine Patientenverfügung kümmerst. Du weißt am besten, was dir bis zum Ende wichtig ist: Willst du so lange wie möglich in deinem gewohnten Umfeld leben, triff entsprechende Vorsorge.

Zu Hause liebevoll umsorgt.

Sprich mit deinen Freunden und deiner Familie über deine Vorstellungen im Fall der Fälle. Und recherchiere frühzeitig geeignete und vor allem konkrete Lösungswege.

Kochen ist für viele das schönste Hobby, besonders wenn sie Zeit und Muße dafür haben. Andere sind froh, wenn sie nicht mehr täglich für die Familie in der Küche stehen müssen. Beides ist okay, wichtig ist dabei nur eins: ausgewogene Mahlzeiten, möglichst oft gemeinsam mit Freunden, Nachbarn oder Familienmitgliedern. Dann wird aus einem Mittagessen ein schönes und bereicherndes Erlebnis. Und wenn keiner kochen mag? Dann bestellt ihr zusammen beim Lieferservice oder Restaurant um die Ecke und setzt euch zu Hause an den Tisch. Essen ist fertig!

Essen bestellen und gemeinsam zu Hause genießen.

Manche Restaurants bieten Mehrpersonen-Gerichte an, zum Beispiel indische Curryplatten oder gemischte spanische Tapas. Geliefert werden verschiedene Schüsseln, aus denen sich jeder nach Lust und Laune bedient. So eine Vielfalt kann man selbst kaum zubereiten.

Haustiere sind liebevolle Begleiter, die unseren Alltag bereichern. Ein Hund zu Hause vertreibt die Einsamkeit, bringt Struktur in den Alltag und hält uns fit, weil er uns regelmäßig vor die Tür zwingt. Aber: Was ist, wenn die Pflege zur Belastung wird? Es gibt viele Menschen, die Tiere lieben und sich gern – auch regelmäßig – um sie kümmern. Das kann der Nachbarsjunge sein, der selbst keinen eigenen Hund haben darf, oder die beruflich eingespannte Frau aus der Sportgruppe, die am Wochenende liebend gern lange Spaziergänge unternimmt und sich über den Vierbeiner als Gesellschafter freut. Eine Alternative ist natürlich immer auch ein bezahlter Hundeausführservice – oder ein Garten oder naher Park, der dem Hund Platz zum Herumtollen bietet, während wir auf der Bank sitzen.

Tiere bringen Freude ins Leben.

Es muss nicht immer der eigene Hund sein. Wir können uns auch den Hund eines Freundes ausleihen, um regelmäßig mit ihm spazieren zu gehen. Das ist für beide Seiten ein Gewinn.

Die Statistik verrät es: Die Generation 65+ verbringt in Deutschland durchschnittlich etwa 7 Stunden pro Woche mit Lesen, aber etwa 18 Stunden pro Woche vor dem Fernseher. Damit ist sie Spitzenreiter in der Gesellschaft. Diese Zeit ist gut genutzt, wenn der Fernseher nicht nur als Geräuschkulisse dient, damit wir uns nicht einsam fühlen. Lesen bildet, das haben wir schon oft gehört. Aber auch das Fernsehen erschließt Horizonte, bringt uns neue Ideen und die Welt näher. Und animiert uns vielleicht sogar zu Aktivitäten, auf die wir allein nicht gekommen wären.

Bewusst fernsehen macht schlau.

Wie bewusst wählst du das TV-Programm aus? In Kochshows, Quiz- und Fitnesssendungen oder auch Reisedokumentationen lernst du viel Neues kennen und erhältst Anregungen. Fernsehen vertreibt nicht nur Langeweile, es ist ein Bildungsangebot.

Ein eigener Garten kann viel Freude bereiten: ins Grüne schauen, ein Sonnenbad nehmen und sich am Blumenduft erfreuen. Gartenarbeit hält fit. Und Kräuter und Gemüse selbst anbauen und ernten ist einfach wunderbar. Deswegen gehört der eigene Garten auch zu den Träumen, die viele teilen. Nur leider: Dieser Traum macht sehr viel Arbeit. Wer keine Kosten scheuen muss, lässt alles von einem Gärtner erledigen, wenn die Kräfte nachlassen. Denkbar ist auch, die Nutzfläche zu verkleinern und die pflegeaufwendigen Blumen durch hübsche Sträucher zu ersetzen. Vielleicht lässt sich jemand als Mitnutzer gewinnen. Am Ende gilt aber dasselbe wie bei einem großen Haus: Ein eigener Garten gehört nicht zu den absoluten Must-haves. Er ist nur sinnvoll, wenn die Vorteile größer sind als die Belastung.

Grünes Glück.

Eine Gartenbaufirma weiß Rat, wie sich der Garten mit möglichst anspruchslosen Pflanzen pflegeleicht gestalten lässt. Eine Alternative kann auch ein Schrebergarten sein, den man sich mit anderen teilt. Oder ein Umzug in eine Wohnung in der Nähe eines schönen öffentlichen Parks.

Leichter wird Hausarbeit häufig allein dadurch, dass insgesamt Ordnung und Übersicht in Schränken und auf Regalen herrscht. In einem aufgeräumten Haus stellen sich auch Gäste gern ein. Häufig fällt aber gerade das Reduzieren des Hausrats mit zunehmendem Alter schwer. Ein ganzes Leben hat sich in der Wohnung angesammelt, wo anfangen, was wie entsorgen? Am besten holt man sich jetzt Hilfe. Professionelle Entrümpelung ist eine Möglichkeit. Eine andere ist, die wöchentliche Putzkraft zu bitten, jedes Mal einen anderen Schrank gemeinsam auszumisten. Die überflüssigen Dinge werden verschenkt oder im Internet verkauft. Karitative Organisationen holen Sachspenden manchmal auch zu Hause ab.

Hausaufgabe: ausmisten.

Was hast du in den letzten zwölf Monaten nicht benutzt? Frag dich nicht: Soll ich das wegwerfen? Frag dich lieber: Will ich das behalten? Am Ende des Tages macht weniger Besitz weniger (Haus-)Arbeit.

Onlineshopping wird gerade unter älteren Menschen immer verbreiteter. Es ist bequem und alle benötigten Informationen sind sofort zugänglich. Vieles von dem, was wir alltäglich konsumieren, wird inzwischen zu guten Preisen im Internet angeboten. Die Bewertungen von anderen Nutzern und Kunden helfen, verlässliche Qualität zu finden. Suchmaschinen erleichtern den Preisvergleich.

Onlineshopping ist okay. Ab und zu.

Bei manchen Produkten kann eine Onlinebestellung sinnvoll sein. Andere wiederum sind einen Gang ins Geschäft wert. Auch weil wir dort andere Menschen treffen und ins Gespräch kommen.

Solange wir aktiv sind und am allgemeinen Leben teilnehmen, kommen wir auf ganz natürliche Weise mit anderen Menschen in Kontakt. Mit zunehmendem Alter müssen wir uns manchmal zwingen, den Kontakt aufrechtzuerhalten. Wenn persönliche Treffen schwieriger werden und aufgrund von Entfernungen oder Krankheit nurmehr selten möglich sind, kann ein Videochat ein gar nicht so schlechter Ersatz sein. Auf persönliche Begegnungen sollten wir trotzdem nur verzichten, wenn es sich anders gar nicht machen lässt.

Von Angesicht zu Angesicht.

Verabrede dich gleich heute mit jemandem persönlich – und sprich auf Skype oder Facetime mit einem Freund oder einer Freundin.

Der menschliche Körper ist ein Wunderwerk: Wir bewältigen Treppen, gehen über Stock und Stein und legen stundenlange Fußmärsche zurück. Aber wenn wir älter werden, geht das nicht mehr so mühelos. Dann müssen Hilfsmittel her: Rollatoren, Rollstühle, Elektromobile. Es ist falsch, dass wir uns durch sie stigmatisiert fühlen, denn sie tragen zu unserer Selbstständigkeit bei. Viele Hersteller achten heute auf modernes Design.

Geht doch.

Physiotherapeuten und Sanitätshäuser beraten dich bei deiner Wahl der Hilfsmittel gern. Anfangs tut es vielleicht ein schicker Regenschirm, später mag ein „Rolli" unverzichtbar sein.

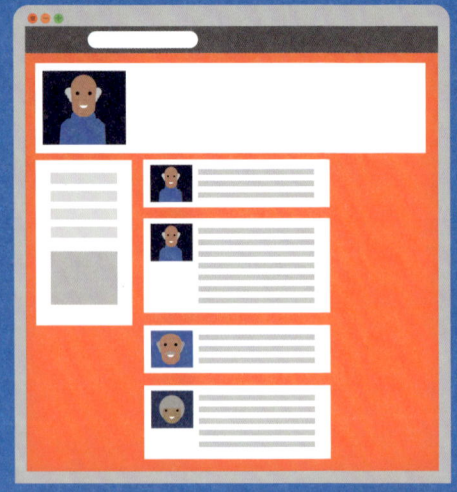

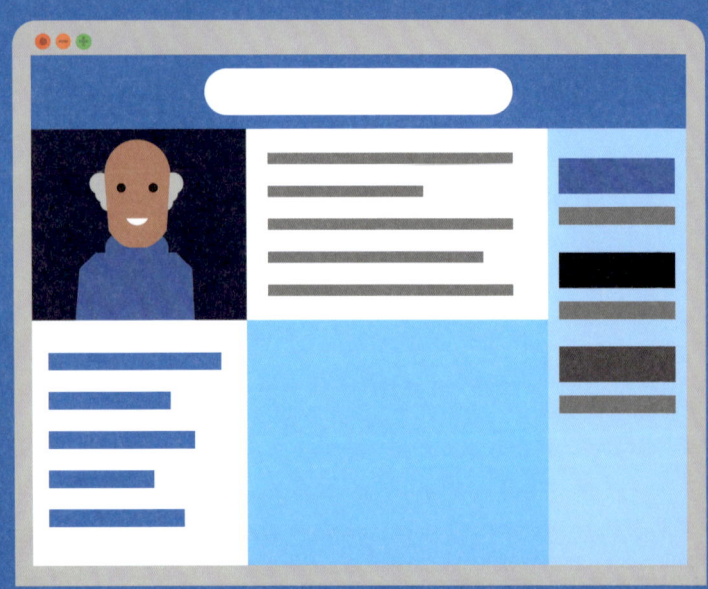

Digitale Hilfsmittel verschiedener Art machen uns das Leben leichter. Sie zeichnen unsere Aktivitäten auf und unterstützen uns bei der richtigen Ernährung, bei der Alltagsorganisation und sogar emotional. Diese Art „verlängertes Ich" liefert uns selbst und anderen (Familie, Arzt) verlässliche Daten, zum Beispiel über unseren Gesundheitszustand. Als App auf dem Smartphone oder Armband messen sie die Pulsfrequenz, den Blutdruck, die Schlafqualität, die getätigten Schritte oder sie erinnern uns daran, dass es Zeit für ein Glas Wasser ist. Lebensrettend kann der Hausnotruf sein. Es lohnt sich, den Umgang mit diesen Hilfsmitteln zu lernen.

Das digitale Ich.

Probiere sie aus: tragbare Geräte, die mit Schrittmessern und anderen Körpermessfunktionen ausgestattet sind. Was benutzen deine Freunde? Vergleicht eure Werte.

Gut zu wissen: Medizinische Versorgung gibt es auch, wenn man das Haus selbst nicht mehr verlassen kann. Erkundige dich bei deinem Hausarzt und der Krankenkasse, welche Möglichkeiten es gibt und welche Leistungen übernommen werden. Viele Krankenstationen und Gesundheitseinrichtungen sind rund um die Uhr telefonisch erreichbar, manche bieten ärztlichen Rat per Videotechnik. Sogenannte Homecare-Versorgung umfasst in extremen Fällen sogar künstliche Ernährung und Beatmung zu Hause.

Medizinische Hilfe to go.

Erkundige dich bei deiner Krankenkasse, welche Form der medizinischen Versorgung auch auf der Basis von Hausbesuchen möglich ist. Versandapotheken liefern benötigte Medikamente an die Haustür.

Umfang und Dauer einer medizinischen und pflegerischen Versorgung sollten immer individuell auf unsere Bedürfnisse abgestimmt sein. Ein Krankenhausaufenthalt ist zweifellos sinnvoll, um uns wieder auf die Füße zu bringen. Kurzzeitpflege oder Tageseinrichtungen sind wichtig, um etwa pflegende Angehörige zu entlasten. Aber es gibt auch ein Zuviel an Pflege. Achte darauf, dich nur den Behandlungen zu unterziehen, bei denen sicher ist, dass sie zur Verbesserung der Lebensqualität beitragen.

Mehr muss nicht (immer) besser sein.

Wie möchtest du im Krankheits- und Pflegefall behandelt, bis zu welchem Grad medizinisch versorgt werden? Schreib deine Wünsche auf und besprich sie mit deiner Familie. Versichere dich, dass alle deine Vorstellungen und Entscheidungen verstanden haben.

9

Weitergeben

Wir werden älter und stehen damit nicht allein. Deshalb ist es wichtig, uns als Individuen wie als Gesellschaft insgesamt zu überlegen, wie wir uns langfristig das Leben vorstellen. Es gilt, das Beste aus dem Alter zu machen, Schritt für Schritt.

Lade deine Familie oder Menschen deines Vertrauens ein und besprich mit ihnen, wie du dir die nächsten 10, 20 oder 30 Jahre vorstellst. Setzt euch zusammen und redet ganz offen: Wo würdest du am liebsten wohnen, welche Vorsorge möchtest du treffen, was soll im Notfall geschehen und wie willst du beerdigt werden? Welche Vorstellungen haben die anderen von ihrem Leben in den kommenden Jahren und Jahrzehnten? Je größer die Transparenz in den Bereichen Finanzen, rechtliche Absicherung und medizinische Versorgung ist, desto klarer sieht man. Und du weißt, was du überhaupt von den dir nahestehenden Menschen erwarten kannst – und was nicht.

Für Klarheit sorgen.

Mach dir frühzeitig Gedanken für den Fall, dass du selbst nicht mehr deine Angelegenheiten regeln kannst. Halte deinen Willen mit einer Patientenverfügung, einer Vorsorgevollmacht und/oder Betreuungsverfügung fest. Und hinterlege sie notariell.

Die Themenliste für ein Familientreffen, auf dem die nächsten Jahrzehnte besprochen und Entscheidungen miteinander abgestimmt werden, könnte folgendermaßen aussehen:

Wohnorte

Notfälle

Ärztliche Versorgung

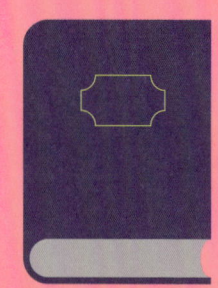

Vermögensverhältnisse

Langzeitpflege

Wer hilft mir zu Hause?

Wo und wie will ich begraben werden?

Woran glaube ich?

Wer kümmert sich um Familie und Haustiere?

Welchen finanziellen Bedarf habe ich?

Was will ich noch erleben?

Unternehmen haben eine Geschäftsführung. Sie hat die Ziele der Firma im Blick, entwirft Strategien, steuert alle Vorgänge und sucht bei Problemen nach Lösungen. Nach diesem Modell könnten wir auch privat verfahren: Stell dir vier Berater aus dem Freundeskreis zur Seite. Entwickelt gemeinsam Modelle für ein gutes Leben im Alter, trefft euch zu Workshops und sammelt eure Ideen auf Haftzetteln, Flipcharts oder im Computer. Lasst eurer Fantasie freien Lauf. Einziges Ziel der Übung sind kreative Lösungen für die großen Fragen, denen wir uns im Laufe des Alters zu stellen haben: Gesundheit, Glück, Wohnen, nahestehende Menschen …

Das Altern steuern wie ein Unternehmen.

Einmal jährlich kommen die „Seniorpartner" zusammen. In der Zwischenzeit sammelt jeder konkrete Vorschläge und legt sie den anderen zur Beurteilung und Anregung vor. Kurskorrekturen sind jederzeit möglich.

Herzlichen Glückwunsch! Du hast so viele Ideen zu der Art und Weise gesammelt, wie du gut und lebenswert deine letzte Lebensphase gestalten willst, dass du diese Gedanken nicht für dich behalten solltest. Teil sie mit Freunden, jüngeren Menschen, Bekannten und Fremden. Je mehr Menschen sich mit dem Altern befassen und je mehr Jüngere sich der Herausforderungen des Alterns bewusst werden, desto schneller lassen sich Vorurteile abbauen und die Gesellschaft verändern. Ein schöner Nebeneffekt: Wer seine Gedanken anderen vermittelt, ist gezwungen, sie präzise zu formulieren.

Austausch im Netzwerk.

Nutze soziale Netzwerke und werde Teil einer Community – mit dem Ziel, dass möglichst viele Menschen das Älterwerden lieben lernen.

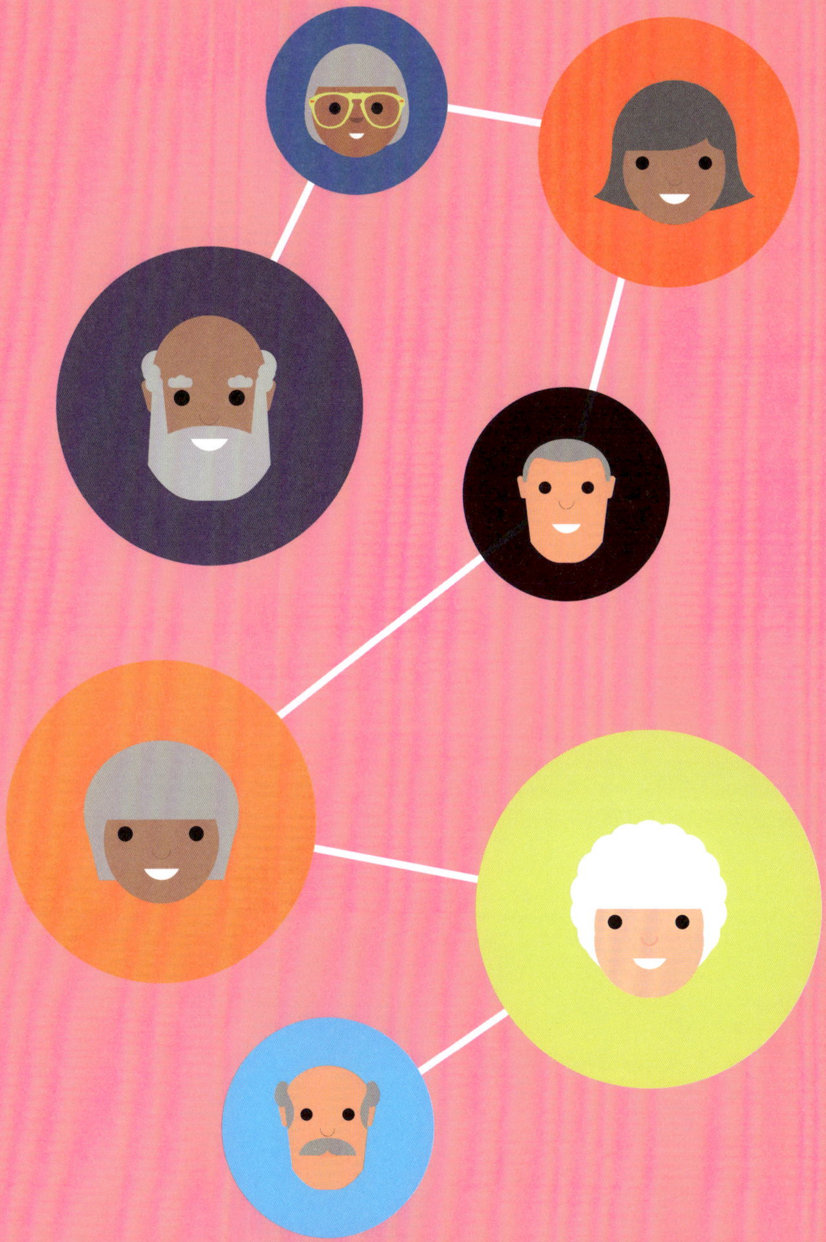

Über den Autor

Matthias Hollwich ist Mitgründer und Partner des Architektenbüros HWKN (Hollwich Kushner) in New York sowie von Architizer, der größten Onlinedatenbank für Architektur.

In international renommierten Architekturbüros wie Rem Koolhaas' Office for Metropolitan Architecture (OMA), Eisenman Architects und Diller Scofidio + Renfro leitet er Teams, die innovative Architektur mit Blick auf die jeweilige Zielgruppe, den lokalen Kontext und das soziale Umfeld entwerfen. Er gehört zu den Vorreitern einer neuen Generation von Architekten, die auch in digitalen Lösungen denken.

Der Fokus seiner Forschungs- und Lehrtätigkeit als Gastprofessor an der University of Pennsylvania liegt darauf, wie Architektur und Städtebau auf eine alternde Bevölkerung ausgerichtet werden können. Er versteht Älterwerden vor allem als Entwicklungsprozess, des Einzelnen wie der Gesellschaft. Seine Sichtweise stellte er auf Konferenzen auch einer größeren Öffentlichkeit vor.

Bruce Mau Design (BMD)

ist eine Designfirma, die weltweit tätig ist. BMD verfolgt die Philosophie, dass Design als treibende Kraft für Wachstum, gesellschaftlichen Wandel und allgemein für Veränderungsprozesse eingesetzt werden kann.

Partner und Kunden von BMD leisten auf ihren Gebieten zukunftsweisende Arbeit, darunter sind Konzerne, Start-ups, Kultur- und Bildungsinstitutionen, Architekturbüros sowie Ämter für Städtebau und Stadtentwicklung. Zum Team gehören Grafikdesigner, Architekten, strategische Berater, Softwareentwickler, Redakteure und Manager aus verschiedenen Ländern und mit den unterschiedlichsten Hintergründen.

Dieses Buch ist das Ergebnis einer fünfjährigen Kooperation mit Matthias Hollwich und seinem Büro HWKN (Hollwich Kushner). Gemeinsam haben sie Designansätze entwickelt, um über das Alter und das Älterwerden neu nachzudenken. Ergebnisse sind etwa ein Konzept für Kommunen unter Berücksichtigung des demografischen Wandels, ein neuer Campus für eine weltweit führende Hochschule und ein Entwurf für ein Mehrgenerationen-Wohnprojekt.

Bruce Mau Design

Hunter Tura, Tom Keogh, Cristian Ordóñez, Elvira Barriga,
Kaila Jacques und Robert Samuel Hanson